Disney

entlich glücklich

Comic Collection
Egmont

„Entlich glücklich“

Originalausgabe

Mit Texten von Christian Eisert

Übersetzungen der Geschichten:
Alexandra Ardelt, Michael Bregel, Dr. Erika Fuchs, Peter Daibenzeiher, Marc Moßbrugger, Gudrun Penndorf M.A. („Ferien vom Ich“), Gudrun Smed-Puknatis u. a.

Deutschsprachige Ausgabe erschienen in der
Egmont Comic Collection
verlegt durch Egmont Verlagsgesellschaften mbH,
Alte Jakobstr. 83, 10179 Berlin

1. Auflage
Verantwortlicher Redakteur: Fabian Gross
Lettering: Michael Möller
Gestaltung: Wolfgang Berger
Koordination: Manuela Rudolph
Printed in the EU
ISBN 978-3-7704-4063-4

Inhalt

Wo das wahre Glück wohnt

Das wahre Glück wohnt nicht im Lummer- oder Schlaraffenland. Nicht in El Dorado oder El Arenal. Nein, der Ort, an dem das einzig wahre Glück wohnt, heißt anders. Zugegeben, seinem Namen fehlt alles Pathetische. Ja, er klingt eher gemütlich, anheimelnd, wohlig: ENTENHAUSEN.

Warum finden wir dort die Formel zum Glücklichsein?

Stehen Entenhausens Einwohner nicht vielmehr in ständigem nervenaufreibendem Kampf?

Onkel Dagobert gegen die Panzerknacker, Micky Maus gegen Kater Karlo und nicht zuletzt, sondern zuallererst: Donald Duck gegen Onkel Dagobert, Gustav Gans, A-Hörnchen und Behörnchen, Tick, Trick und Track, Nachbar Zorngiebel, Müdigkeit, Lärm, Regen, Wind, Hummeln (auf die restlichen 313 Gegner wurde aus Platzgründen verzichtet), kurz: gegen sein ewiges Pech.

Genau hier liegt der Schlüssel zum Erfolg.

In den zurückliegenden neun Jahrzehnten schufen Walt Disney, Carl Barks, Don Rosa, William van Horn, Romano Scarpa und viele, viele andere Autoren und Zeichner unterschiedlichste Charaktere, die in mehr als einer Million Geschichten Konflikte miteinander, mit der Natur und mit sich selbst ausfochten.

In all diesen Geschichten ringen die Entenhausener schlussendlich nur um das eine: ihr großes und kleines Glück.

Doch was ist das eigentlich: Glück? Und was bedeutet es, glücklich zu sein? (Ja, das ist nicht ein- und dasselbe!) Kein leichtes Unterfangen.

Dagegen nicht schwer zu beantworten ist, weshalb ausgerechnet ich in Anspruch nehme, Entenhausen-Experte zu sein. Ich bin es von Geburt an, wenn nicht noch früher. Meinen ersten Strampler zierte eine Ente und der Kosename meiner Mutter für meinen Vater, der eigentlich Gerhard hieß, lautete: Micky.

Was ist eigentlich Glück?

Wenig ist glückbringender als gute Comics.

Ist Glück … der Lottogewinn? … ewige Liebe? … Gesundheit? … ein Sonnenaufgang?

Oder ist Glück auf dem Speicher eine 1967er Erstausgabe vom „Kolumbusfalter“ finden – der Nummer 1 des Lustigen Taschenbuchs? Natürlich in Zustand 0 (ungelesen, mängelfrei).

Näheren wir uns der Antwort durch eine Reise in die Vergangenheit.

Rom 1994. Die Buchhändlerin auf dem kleinen Flohmarkt gleich neben der Stazione Termini, dem Hauptbahnhof der Hauptstadt Italiens, äugte durch ihre dicke Brille mit dem transparenten Kunststoffrand. Er war wieder da. Der hochaufgeschossene Junge, keine 18 Jahre alt.

Schon den dritten Tag wühlte er sich durch die Kisten mit den alten Ausgaben von *Topolino, Topomystery* und *Primaverissima*. Zeitschriften und Sammelbände voller Micky-Maus- und Donald-Duck-Comics. Ab und an lächelte er selig und machte sich eine Notiz in einem kleinen Büchlein. Wenn sie es richtig erkennen konnte, dann notierte der Schlaks einen Namen und zeichnete dahinter eine Nase, einen Schnabel und einmal sogar ein schielendes Augenpaar.

Zeichnung: Giuseppe Perego.

Nach etwa einer Viertelstunde wählte er – nach vielem Hin und Her – eine Ausgabe aus und bezahlte den Preis, den sie nannte. Ohne zu handeln. Obwohl sie jeden Tag 1000 Lire mehr verlangte. Dem jungen Kunden war es offenbar egal, er zog glücklich davon.

Dieser etwas seltsame Junge war ich. Während meiner Kursfahrt nach Rom nutzte ich jede Minute Freizeit, die uns unsere Lateinlehrerin gestattete, um herauszufinden, wer die bunten Bildergeschichten schuf, die ich bereits las, als ich noch gar nicht lesen konnte. Bei Comics geht das.

Was nun faszinierte mich so an diesen Geschichten von Micky und Donald, die zudem in einer Sprache verfasst waren, die ich gar nicht beherrschte?

Unter den meisten italienischen Disneygeschichten standen – anders als damals bei den deutschen – die Namen ihrer Schöpfer. Und damals war mir – wie vielleicht manchem noch heute – unbekannt, dass die meisten in Deutschland veröffentlichten Disneycomics im Taschenbuchformat aus italienischer Produktion stammen. Diese Wissenslücke schloss ich schnell.

Vor allem die Zeichner interessierten mich. Schon früh hatte ich Unterschiede in Stil und Qualität ausgemacht, liebte die teigigen Formen und den Detailreichtum des einen, die Klarheit und Dynamik des anderen, wunderte mich, warum bei dem einen oft die Augenlider seiner Figuren halb geschlossen waren und ein anderer die Nasen der Nebenfiguren meist hautfarben, statt schwarz zeichnete.

Doch nun hatte ich das Glück, gleich hinter dem Hotel, in dem unser Lateinkurs eine Woche wohnte, einen Flohmarkt mit Bücherstand zu finden und notierte mir, dass der eine

Zeichnung: Luciano Gatto.

Zeichnung: Romano Scarpa.

Sergio Asteriti hieß, der andere Romano Scarpa – unter anderem Vater des „Kolumbusfalters“ und Erfinder von Kater Karlos Freundin Trudi. Die Schlafzimmerblick-Augen stammten von Luciano Gatto und die hautfarbenen Nasen verantwortete Giuseppe Perego, der viele Rahmengeschichten in den frühen LTB zeichnete. Und die leicht schielenden Augen mit den kleinen Pupillen ordnete ich Giulio Chierchini zu. Jenem Zeichner und Autor, der von 1953 bis in jüngste Zeit und damit am längsten überhaupt für Disney arbeitete. Von Chierchini, der im August 2019 im Alter von 91 Jahren verstarb, stammt die Geschichte „Verräterischer Apfelsaft“ in diesem Band.

Bei meinem Ausflug ins europäische Disney-El-Dorado Italien hatte ich Glück und war glücklich. Wie widernatürlich! Zumindest nach Ansicht des Wiener Psychoanalytikers Sigmund Freud, der behauptete: „Die Absicht, dass der Mensch glücklich sei, ist im Plan der Schöpfung nicht enthalten“[1]. Doch wie wir wissen, haben sich, bei allen Verdiensten des österreichischen Seelenklempners, viele seiner Erkenntnisse im Laufe der letzten 150 Jahre als überholt und falsch erwiesen.

Dagegen absolut richtig: Die Frage, was Glück ist, lässt sich viel einfacher beantworten, als beispielsweise die Frage, wo Entenhausen liegt oder warum dort nur Bewohner ohne Federn Handschuhe tragen[2].

Die einfache Antwort lautet: Glück ist eine Frage der Definition. Die verschiedenen Formen desselben herauszuarbeiten, gehört seit Jahrhunderten zum Zeitvertreib von Philosophen, Wissenschaftlern und Lotteriemarketingabteilungen.

Bei aller Kritik an seinem Wirken arbeitete Sigmund Freud durchaus nachvollziehbar heraus: „Was man im strengsten Sinne Glück heißt, entspringt der eher plötzlichen Be-

[1] Freud, Sigmund: Das Unbehagen in der Kultur. In: Gesammelte Werke, Bd. 14, Wien 1930, S. 419ff.

[2] Experten wissen, Micky Maus trat zuerst in Schwarz-Weiß-Animationsfilmen in Erscheinung und trug ab dem Film *The Opry House* (1929) Handschuhe, um einerseits seine schwarzen Hände vom Rest seines damals nur mit einer weißen Hose bekleideten schwarzen Körpers abzuheben und andererseits den Zeichnern Formen und Hautfalten von Knöcheln und Gelenken zu ersparen. Doch spätestens seitdem Filme und Comics farbig wurden, zählt das erste Argument nicht mehr, das zweite entkräftet die Tatsache, dass die Hände vieler Zeichentrick- und Comicfiguren vereinfacht sind und drittens spielte das bei allen gefiederten Entenhausenern keine Rolle. Also WARUM?

friedigung hoch aufgestauter Bedürfnisse und ist seiner Natur nach nur als episodisches Phänomen möglich. Jede Fortdauer einer vom Lustprinzip ersehnten Situation ergibt nur ein Gefühl von lauem Behagen."[3]

Die Entenhausener Psychoanalytikerin Dr. Siglind Leid sorgte Ende 2016 mit ihrer Promotionsarbeit „Glückliche Glucken – Gegacker unter Einfluss von Garten und Acker" für Aufsehen. Darin kommt sie zu Erkenntnissen, die in eine ähnliche Richtung gehen wie die von Sigmund Freud, fügt ihnen aber noch eine Unterscheidungskomponente hinzu: „Glück*haben* ist ein nicht vorhergesehener, allenfalls gewünschter und manchmal gar als unverdient empfundener **Um**stand. Glücklich*sein* ist ein für einen mehr oder weniger langen Zeitraum geltender **Zu**stand, der sich oft, aber nicht zwangsläufig, nach dem Glückhaben einstellt."[4]

Das zeigt einerseits mal wieder: Freud und Leid liegen oft nah beieinander.

Und andererseits: Glückhaben und Glücklichsein kann man unterscheiden!

Ob und wie sehr sich die Menschen in einem Zustand des Glücklichseins wähnen, versuchten unzählige Wissenschaftler in unzähligen Befragungen unzähliger Menschen allen Alters herauszufinden.

Dass die Ergebnisse mit großer Vorsicht zu genießen sind (Offen gesagt, sind sie eigentlich ungenießbar. Auch mit sehr bedeutenden Studienergebnissen bedrucktes Papier schmeckt einfach nicht), dass jedenfalls große Skepsis angebracht ist, gaben die beiden deutschen Soziologen Norbert Schwarz und Fritz Strack zu Bedenken, die 1991 in ihrer Studie „Die Bewertung des eigenen Wohlbefindens"[5] nachwiesen, dass männliche Befragte attraktiven Befragerinnen größeres Glücklichsein vorgaukelten, als weniger attraktiven,

---

[3] Freud, Sigmund: Das Unbehagen in der Kultur, Wien 1930, S. 24.

[4] Leid, Siglind: Hossa, Jippieh und Hurra – Freudengeschnatter beim Homo anatidis, Entenhausen 2018.

[5] Schwarz, N., & Strack, F. (1991). Evaluating one's life: A judgment model of subjective well-being. In F. Strack, M. Argyle, & N. Schwarz (Hrsg.), International series in experimental social psychology, Nr. 21. Subjective well-being: An interdisciplinary perspective, S.27-47.

Auch Gesang schafft Glücksmomente. Leider nicht zwangsläufig auch den Zuhörern.

während eine Befragerin im Rollstuhl wiederum alle Befragten veranlasste, ihr eigenes Glück kleiner zu machen. Die wichtigste Erkenntnis der Untersuchung war jedoch: Glücksumfragen bei Sonnenschein führen zu positiveren Ergebnissen als dieselben bei Regen.

Hier setzt ab kommendem Herbst Dr. Siglind Leids neue Studie an: „Friede, Freunde, Eiersuchen – Hochgefühle unter Einfluss von Tiefdruckgebieten“.

Glück, soviel lässt sich nach jahrhunderterlanger philosophischer und wissenschaftlicher Auseinandersetzung damit sagen, kommt in fünf Haupterscheinungsformen daher:

Da wäre erstens das Glück der Überwältigung durch Schönheit oder Fülle. Wie beim Anblick eines Sonnenuntergangs auf einem Berggipfel am Meer, dem Lauschen eines Konzerts, egal ob Schubert oder Schlager-Schu-bi-duh oder wie beim Baden im eigenen Gold.

Zweite Erscheinungsform des Glücks ist das der Gemeinschaft, die eben gar nicht gemein ist, jedenfalls meistens, sondern uns glücklich macht, weil wir nun mal soziale Wesen sind und uns in Gesellschaft von Onkeln, Neffen oder Freundinnen mit gleichen Nachnamen oft erstaunlich wohlfühlen.

Weit verbreitet als Definition von Glück ist die des Zufalls. Da trotten wir missmutig durch den Stadtpark und plötzlich weht uns der Wind eine gerade mal zwei Tage alte Zeitung vor

die Füße, die wir nun, einen ganzen Taler sparend, kostenlos lesen können. Oder wir stolpern, Tollpatsch, der wir sind, auf dem Speicher über unsere eigenen Füße, knallen mit dem Kopf gegen einen Dachbalken und es fällt uns die schwere Meerschaumpfeife unseres Urururahns Tabagoof auf den großen Zeh. Doppel-Aua! Doch kaum schmauchen wir Urahns Pfeifchen, lösen sich alle Schmerzen in Rauch auf. Zufälle gibt's!

Nummer Vier, das Glück der Überwindung innerer Widerstände, kennen viele, zum Beispiel Donald, vom morgendlichen Aufstehen, andere brauchen dazu eine Doktorarbeit, einen Marathon oder einen Kuss.

Das Glücksquintett komplettiert schließlich das Glück des Augenblicks. Vieles Beglückende, das wir zum ersten Mal erleben, gehört dazu. Der erste Kuss, der erste selbstverdiente Zehner, das erste Auto, das erste E-Bike. Und leider auch, dass erstes Glück uns immer weniger begegnet, je älter wir werden. Zudem ist die Dauer des Zustands Glücklichsein beim Glück des Augenblicks am kürzesten.

Doch nun gilt es, einen Augenblick inne zu halten. Denn es steht ein Transformationsprozess bevor, der ein Leben verändern wird. Dein Leben.

Damit dabei nichts schief geht, lies den folgenden Abschnitt sorgfältig durch und streiche das Wichtigste in einer Farbe Deiner Wahl rot an.

Dein Weg durch dieses Buch

Dr. Siglind Leid im Gespräch mit ihrem Mentor Prof. Cäsar Cezilius nach diversen unglücklich ausgegangenen Glücksexperimenten.

In sieben sorgfältig voneinander abgegrenzten Kapiteln findest Du sieben Glücksstrategien abgeleitet von den Lebensprämissen bekannter Entenhausener. Es wird Dir im Folgenden also ein bunter Strauß an Vorbildern geboten.

Ihre Glücksstrategien unterscheiden sich, sind gelegentlich gar einander Gegenteil, eines aber verbindet alle: Sie sind garantiert erfolgreich.

Was man von Dr. Siglind Leid leider nicht sagen kann. Ihrer aufsehenerregenden Promotionsarbeit folgte eine Reihe unglücklich ausgegangener Glücksexperimente, die Dr. Leids Ruf ein wenig in Mitleidenschaft zogen. Gleichwohl leisten die Misserfolge der Adeptin von Professor Cäsar Cezilius[6] einen wichtigen Beitrag zum vorliegenden Kompendium der Glücksstrategien. Sie dienen einerseits der Warnung und sind andererseits leuchtende Beispiele für nimmermüden Mut, Einfallsreichtum und Erfindungsgeist – Eigenschaften, die jedem Glückssucher innewohnen sollten.

Aus den sieben vorgestellten Glücksstrategien muss jeder nun seine persönlich passende wählen. Es können auch zwei sein, oder drei. Vier gleichzeitig angewandt sind auf jeden Fall zu viel. Dann kannibalisieren sich die positiven Effekte. Probiere ruhig ein bisschen herum. Gerne gleich mit der ersten Strategie …

[6] Vgl. Finde deine innere Ente, Egmont Comic Collection 2018.

313

Strategie 1:
Sachen machen

„Müßiggang ist aller Laster Anfang“? Stimmt überhaupt nicht. Stattdessen gehen jedem Laster unzählige Konstruktionszeichnungen, Prototypen, Testfahrten und die Produktion vieler, vieler Einzelteile voraus, bis schließlich der erste Laster aus der Werkhalle rollt. Glücklich applaudieren Ingenieure und Facharbeiter ihrem Werk, Resultat ihrer Tage, Wochen, Monate, vielleicht sogar Jahre dauernden Emsigkeit.

Es ist einer der größten Irrtümer, dass weniger Arbeit glücklicher macht. Wer in Rente geht oder seine Arbeit verliert, fällt häufig in ein Loch. Das lässt sich verhindern.

Zum einen, indem städtische Angestellte regelmäßig kontrollieren, dass nirgends ein Gullydeckel fehlt.

Zum anderen durch Suchen einer neuen Herausforderung. Sie zu finden ist nicht zwangsläufig nötig.

Senioren lernen gerne noch einmal fremde Sprachen und Tänze oder legen bunte Beete an oder mit ihrem neuen Boot. Und sie merken oft, wie sehr ihnen der Job, über den sie all die Jahre geschimpft haben, plötzlich fehlt. Arbeitslos gewordenen fehlt noch mehr: genug Taler. Donald kennt dieses Gefühl. Zum überschätzten Glückswert des Geldes kommen wir später.

Weniger als wir glauben kommt es nicht auf die Art der Beschäftigung an, sondern auf ihre Existenz an sich. Es muss uns nicht Spaß machen, es muss uns beschäftigen. Es muss uns anstrengen. Denn dann können wir die Zeit der Nichtanstrengung genießen, den Feierabend. Das kann aber auch ein Feiermorgen oder -mittag sein. Ebenso schadet nicht das Gefühl, etwas geschafft zu haben. Auch das macht glücklich. Für einen Moment. Und dann geht es weiter. Wohin? Nun, an dieser Stelle direkt zu Deinem Vorbild.

Dein Vorbild: Tick, Trick und Track

Kennt nicht jeder Entenhausen-Fan dieses Bild: Tick, Trick und Track dösen faul in der Hängematte. Oder ebenso typisch: Tick, Trick und Track wirbeln wütend quakend einen halben Meter über dem Boden durch die Luft und nicht zu vergessen: Tick, Trick und Track, gramgebeugt, mit bis zum Boden hängenden Armen – tief traurig und voller Weltschmerz.

Nein? Nicht bekannt? Nie gesehen?

Eben! Das ist es ja!

Wer an Donalds Neffentrio denkt, sieht vor seinem geistigen Auge Buben, die ein selbst gezimmertes Baumhaus bewohnen, Schatzsuche spielende Streiche-Aushecker und stets das Schlaue Buch zur Hand habende, nie um eine Idee verlegene Fähnlein-Fieselschweiflinge.

Die Duck-Drillinge brauchen nicht viel. Da genügen vier alte Reifen, eine große Kiste und lautes „Brumm-Brumm“-Brummen und schon brausen die drei mit ihrem Laster durch den Garten. Glücklich bis in die Bürzelspitzen.

Tick, Trick und Track brennen, anders als Donald, immer sofort vor Begeisterung, wenn es in ein neues Abenteuer geht. Und wenn es das nicht geht, dann malen sie sich eben selbst eine Schatzkarte. Oder sie ärgern ihren Onkel Donald. Ach, diese findigen Burschen!

Ihre Strategie umfasst jedoch noch viel mehr.

Wer bis eben glaubte, es geht nur um ihren nimmermüden Einfallsreichtum, ihre Fähigkeit, nie um eine Idee sich zu beschäftigen verlegen

zu sein, der irrt. Denn dann hätte es genügt, sich ein Beispiel an Tick zu nehmen. Oder an Trick. Oder an Track. Aber das genügt eben nicht.

Ein weiterer Baustein ihres Glücks und damit dieser vorbildlich zum Vorbild taugenden Strategie ist: Donalds Neffen machen Sachen zusammen. Sie erleben also zusätzlich das Glück der Gemeinschaft.

Nachgewiesenermaßen leben Menschen in engen Beziehungen im Durchschnitt länger als Einzelgänger. Ob die Beziehung nun ein auf romantischer Liebe basierender Lebensbund ist, die Familie im weiteren Sinne, Stichwort: Geschwister und Kinder, oder ob es sich um eine gute, lange Freundschaft handelt. Einander schätzen, umeinander kümmern und Erlebnisse teilen macht glücklich. Zugegeben, dem scheint die Erfahrung vieler zu widersprechen, die Weihnachten ganz gemütlich im Kreise der Familie feiern wollten und stattdessen drei Tage lang Diskussionen, Streitereien und Nervenkrisen erleben. Und wenn schon: Beschäftigung bleibt Beschäftigung.

7 praktische Praxistipps:

1 Schaffe Dir einen Onkel an, den du ärgern kannst. Es kann auch eine Tante sein. Oder ein Nachbar. Den hat ja jeder.

2 Schaffe Dir außerdem zwei Brüder an. Falls das biologisch nicht mehr möglich ist, nimm Skatbrüder.

3 Danke so oft wie möglich dem Erfinder des internetfähigen tragbaren Fernsprechapparates, damit kannst Du Dich ständig beschäftigen. (Sowohl mit dem Apparat als auch mit dem Danken.)

4 Sammele etwas, von dem es viel gibt, denkbar wären alle Produkte mit Plastik. Da bist Du jahrelang beschäftigt. (Orte zu sammeln, an denen nicht mal Mikroplastik vorkommt, wäre dagegen kontraproduktiv.)

5 Überlege, welchen Streich Du Deinen Mitmenschen spielen könntest. In schnellen Verkehrsmitteln genügt oft schon ein lautes „Oh mein Gott!“. Atheisten-Alternative: „Was ist das für ein Geräusch?!“

6 Statt Dich zu beschäftigen, beschäftige andere in sogenannten Beschäftigungsverhältnissen. Dank Steuergesetzgebung, Arbeitsplatzergonomievorschriften und Gleichbehandlungsgesetzen hast Du nun immer zu tun.

7 Fällt Dir überhaupt nichts ein, was Du machen könntest, erstelle eine Liste mit 7 praktischen Praxistipps zur Glückstrategie „Sachen machen“.

Das unglücklich ausgegangene Glücksexperiment

Ausgehend von der Annahme, die Erhöhung der Menge gemachter Sachen steigere das persönliche Glück, begann Dr. Siglind Leid die Therapieform des Schneiderns zu entwickeln. Im Selbstversuch fertigte sie zwölf Hosen an. Und jedes Mal war ein Bein zu kurz. Oder zu lang. Sie kam zu dem Schluss, dass Anzieh-Sachen machen das persönliche Glück kaum erhöht. Sie beschloss andere und vor allem mehr Sachen zu machen und bestieg mit einem Mountainbike auf den Schultern den höchsten Berg Entenhausens, die Teufelszinne. Von dort oben sauste Dr. Leid auf ihrem Fahrrad hinab – mit bis zu 200 Sachen. Was unglücklicherweise den Felsbrocken am Fuß der Teufelszinne nicht beeindruckte. ER brach sich nichts.

WETTANGELN AM WIMMELSEE

Ich geh jetzt ins Bett und träume von einer besseren Welt. Weckt mich in ein paar Tagen...
O Mann, der Ärmste ist echt am Boden.
Am Boden? **Unter** dem Boden, meinst du wohl!
Man müsste ihn irgendwie wieder auf die Beine bringen.
Und weißt du auch, wie?
Er gewinnt nie, weil er immer nur ans Verlieren denkt. Also müssen wir was organisieren, wo er nicht verlieren kann.
Ach ja? Und was soll das sein?
Na ja, wie wär's zum Beispiel mit einem Wettangeln?
Angeln? Onkel Donald? Alles, was der sich je eingefangen hat, war ein mörderischer Schnupfen.
Aber nicht am Wimmelsee!
Hm, nicht schlecht! Da waren wir doch letztes Jahr mit unserem Fähnlein.
Aber wie soll er da gewinnen? Die Viecher dort hüpfen doch praktisch jedem direkt in die Arme!
Aber das weiß der Gute nicht!
Also fordern wir ihn zu einem Wettangeln auf. Und wenn wir nicht gewinnen, kann er auch nicht verlieren. So einfach ist das!

Gesagt, getan! Bereits am nächsten Morgen macht man sich auf den Weg...
Aber alles, was ich vom Angeln je mitgebracht habe, war ein höllischer Schnupfen!
Du wirst dich doch nicht von deinen unmündigen Neffen beim Angeln fertigmachen lassen, Onkel Donald?
Das wäre ja die volle Lachnummer bei der nächsten Familienfete, hahaha!
Wenn hier einer wen fertigmacht, dann ich euch. Außerdem bin ich Manns genug, mir gleichzeitig einen Schnupfen und ein Fass voll Fische einzufangen.
Dann kann's ja losgehen!
Wer die meisten Fische fängt, muss acht Wochen keinen Küchendienst machen.
Und das werden ohne Zweifel wir sein!
Man wankt zwischen Zorn und Zaudern, doch nachdem sich bei den Kindern schnell ein erster Erfolg zeigt, nimmt man die Herausforderung endgültig an...
Schau mal, Onkel Donald!
Einen haben wir schon erwischt.
Also muss ich zwei von den Biestern fangen. Was kein Problem sein dürfte.
Etwas Glück gehört natürlich dazu.
SPLOTSCH!
Das war dann allerdings zu viel Glück!
Eigentlich solltest du die Fische fangen, nicht umgekehrt.

Im Auto sind jede Menge Ersatzruten. Man macht ja so seine Erfahrungen im Lauf der Jahre.
Also, auf ein Neues...
Nach euch! Aber ich bezweifle, dass ihr noch eine verirrte Forelle an euren Haken lockt.
Heiliger Heringssalat! Was ist denn jetzt los?
WUUUSCH!
Die Viecher sind ja richtig scharf drauf, von euch gefangen zu werden.
Wenn das weiter so gut läuft, sieht's echt schlecht aus.
Ja, mit ein bisschen Pech gewinnen wir das Wettangeln doch.
Langsam, Brüder. Ich weiß, wie wir das Probem lösen.
Vielleicht sollten wir nicht alle auf einem Fleck hocken. Sicher haben wir schon die meisten Fische verscheucht.
Stimmt! Sucht ihr euch einen besseren Platz. Ich bleib vorerst hier.

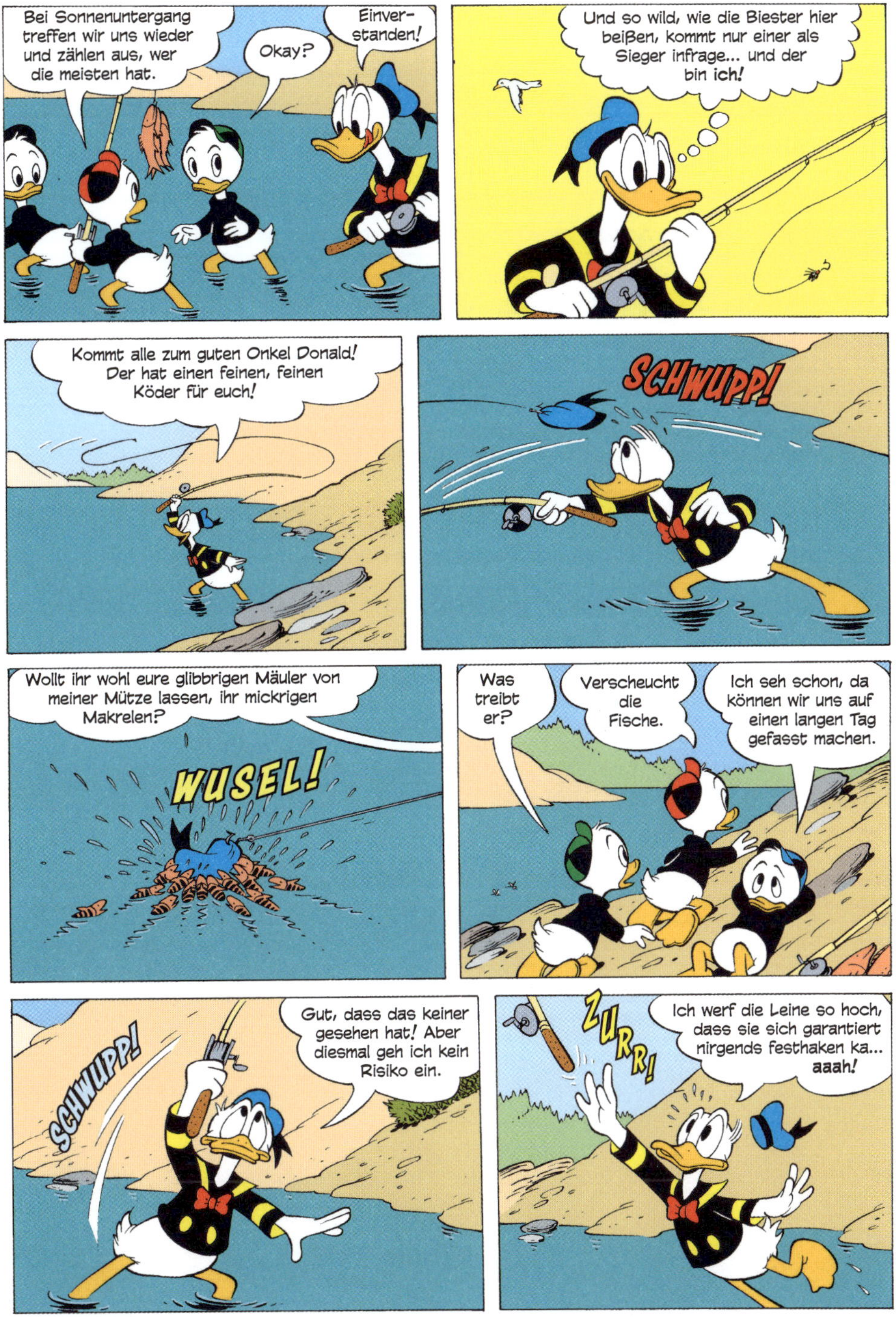
Bei Sonnenuntergang treffen wir uns wieder und zählen aus, wer die meisten hat.
Okay?
Einverstanden!
Und so wild, wie die Biester hier beißen, kommt nur einer als Sieger infrage… und der bin ich!
Kommt alle zum guten Onkel Donald! Der hat einen feinen, feinen Köder für euch!
SCHWUPP!
Wollt ihr wohl eure glibbrigen Mäuler von meiner Mütze lassen, ihr mickrigen Makrelen?
WUSEL!
Was treibt er?
Verscheucht die Fische.
Ich seh schon, da können wir uns auf einen langen Tag gefasst machen.
SCHWUPP!
Gut, dass das keiner gesehen hat! Aber diesmal geh ich kein Risiko ein.
ZURR!
Ich werf die Leine so hoch, dass sie sich garantiert nirgends festhaken ka… aaah!

Dazu spar ich mir lieber jeden Kommentar.
Aber ich lass mich weder durch widriges Geschick noch fehlendes Werkzeug aufhalten.
Fang ich das Viehzeug halt mit der Hand.
Kommt nur, ihr süßen...
SPLOTSCH!
Halt still, du schuppiges Scheusal! Wie soll ich dich an Land kriegen, wenn du zappelst, als ging's um dein Leben?
PLATSCH!
Wenn ihr mich fragt, dann wird das ohne Hilfe von unserer Seite garantiert nix.
Aber wir helfen ihm doch schon, indem wir keine Fische mehr fangen.
Wir können sie wohl schlecht für ihn angeln, oder?

Wir können nur abwarten, bis er's schafft.
Eben. Es heißt nicht umsonst, der dussligste Fischer fängt die fettesten Fische.
So, von hier oben kann ich hoffentlich in Ruhe angeln, ohne dass mein Fang gleich einen Ringkampf mit mir anfängt.
Zudem muss ich die Leine nicht werfen, sondern sie sanft ins Wasser gleiten lassen.
Und schon beißt es.
Na ja, der Halbling taugt wohl höchstens als Köder.
Sieh mal an, als hätt er's gehört! Hahaha!
SCHNAPP!
SCHNAPP!
He, doch nicht gleich alle auf einmal! Ihr werdet mir zu...
SCHNAPP!
...schwer.
PLOTSCH!

Doch nach einer kurzen Trockenpause geht's weiter...
Eine Trutzburg zum Schutz vor Schuppentieren... ungewöhnlich, aber effektiv.
Von hier aus zieht mich jedenfalls keiner ins Wasser, da kann anbeißen, was will.
SCHWUPP!
ZURR!
DOTZ!
Diesmal dauert die Pause länger, auch wenn's nichts zu trocknen gibt...
He, wach auf, Onkel Donald! Der Wettbewerb ist noch nicht vorbei!
Fischi, wischi, wuuuuuh... hihihi!
In einer Stunde geht die Sonne unter.
Ein paar Fehlversuche sind in der Zeit schon noch drin.
Ich hätte gute Lust, es mit ein paar Stangen Dynamit zu probieren.
Viel zu aufwendig! Wirf einfach ganz locker die Leine aus...
...und wenn einer beißt, ziehst du ihn an Land.

Das Beißen klappt wie immer prächtig, nur mit dem Ziehen ist das so eine Sache...
Nicht schon wieder! Gibt's in diesem See denn keine normalen Fische?
ZERR!
Was in Dreiteufelsnamen hab ich denn diesmal erwischt... ein U-Boot?
He, weg da! Hört auf, an mir rumzuknabbern, ich bin kein Köder!
SCHNAPP! SCHNAPP! SCHNAPP!
Autsch! Aua! Warum seid ihr so schwer von Begriff?
RATSCH!
Es gibt Dinge im Leben, die glaubt einem hinterher kein Schwein.
So ist es...
Das glaub ich nicht!
Du hast tatsächlich keinen einzigen Fisch gefangen?
Gefangen schon, aber auch wieder verloren... wie üblich.
Das heißt, wir haben gewonnen.

Wundert euch das? Euer armer Onkel Donald würde nicht mal ein Tennismatch gegen einen Hutständer gewinnen. **Seufz!**
Warte! Noch ist die Sonne nicht ganz untergegangen.
Du hast noch Zeit für einen letzten Versuch.
Pah! Ich hab doch schon alles probiert... außer Fingerschnippen!
SCHNIPP!
PFLATSCH!
Und deshalb...
Du hast es echt geschafft, Onkel Donald!
Gewonnen nach allen Regeln der Kunst!
Ein großer Sieg und das Ende einer langen Serie von Misserfolgen.
Endlich hast du wieder den süßen Duft des Erfolges geschnuppert.
Irgendwie hat ihr sicher recht, Jungs, aber...
Aber was?
...aber mir wäre entschieden wohler in meiner Haut, wenn der Erfolg nicht so gottserbärmlich nach Fisch stinken würde!
ENDE
13

Walt Disney
GOLDRAUSCH
Wie lange müssen wir denn noch auf diesem langweiligen Zeltplatz bleiben?
Wir sind doch erst **zwei Tage** hier, Onkel Donald!
D 6774
Du hast uns diese Ferien versprochen!
Wir müssen uns nach den schweren Klassenarbeiten erholen!
Ich bin nach Klassenarbeiten nie weggefahren! So was steckte man in meiner Jugend weg wie nichts.
Vielleicht hast du nie welche geschrieben!
Das reicht! Wir fahren morgen nach Entenhausen zurück! Schließlich hab ich hier das Sagen!
Schluck! Du hättest besser den Schnabel halten sollen, Tick!
Gemeinheit! Jetzt sind unsere schönen Ferien schon zu Ende!
Außer wir lassen uns etwas einfallen, Brüder!

Wir könnten die Zündkerzen aus dem Motor schrauben! Na, wie wär's?
Er würde doch sofort uns verdächtigen und dann wird's noch schlimmer!
Vielleicht fällt uns etwas anderes ein.
Aber was?
Und bald...
Schön, dass ihr den Abwasch erledigt, Kinder. Alle Achtung!
Aber nein, Onkel Donald!
Wir waschen Gold!
Im Geschichtsbuch steht, dass man hier früher Gold gefunden hat!
Hah! Und ihr glaubt den Unsinn? Euer Geschichtsbuch ist doch längst veraltet!
Seht doch mal! Da drüben! Da ist was!
Was meinst du denn, Tick?
Ich könnt wetten, da drüben im Wasser... da hat etwas gefunkelt! Aber vielleicht hab ich mich auch getäuscht!
Ach was! Da ist nichts!
Nichts? Das könnte Gold gewesen sein, ihr Banausen!

Ihr solltet nicht so schnell aufgeben! Unter euren Füßen könnte ein Vermögen liegen! Da muss man suchen und am Ball bleiben!
Na also!
Gut, dass man mit Onkel Donalds Gier nach Reichtum rechnen kann!
Und wir bleiben noch hier! So schnell gibt er nicht auf.
Eine Stunde später...
Pah! Kein einziges Körnchen! Das Gold ist schon lange geschürft!
Ich packe lieber schon mal die Koffer!
Und nun was?
In dem Fluss gibt's kein Gramm Gold mehr!
Aber vielleicht Messing!
Und so...
Ich hatte die Öllampe vergessen!
Onkel Donald merkt den Unterschied sowieso nicht!
Eine gute Idee, Tick!

Und bald…
So! Den Rucksack hätte ich gepackt! Wie weit seid ihr? Wir wollen fahren.
Was? Die Sonne muss mir einen Streich spielen!
Schluck! Gold!
Gold! Ich hab's gesehen, Kinder!
Du scherzt, Onkel Donald!
Ist das ein Scherz? Ich sage euch, es ist Gold! Richtig glitzerndes Gold!
Unser Geschichtsbuch hatte also doch recht!
Hat da jemand Gold gesagt?
Schluck!
Er hat Gold im Fluss gefunden!
Nichts da! Es gehört mir!
Gold?

Und bald…
Es gehört dem Finder!
Ich habe noch mehr gefunden!
BRUMM!
RÜTTEL!
Seht euch das an! Was haben wir nur angerichtet?
Wir haben einen **Goldrausch** ausgelöst!
Steht nicht dumm rum! Helft mir lieber!
Was?
Aber da gibt es kein Gold mehr, Onkel Donald!
Unsinn! Es gibt noch jede Menge! Seht doch!
Wir wollen nach Hause! Hier ist es uns zu laut!
Nach Hause? Kommt gar nicht in die Tüte! Wir bleiben, basta!
BRUMM!
Und so…
Habt ihr noch eine gute Idee? Etwa, wie wir Onkel Donald wieder nach Hause bekommen?
BRUMMM!
Seufz! Bei dem Lärm können wir nicht mal schlafen, noch viel weniger denken!
PLATSCH!
ENDE

Strategie 2: Entbehren ehren!

Stellen wir uns vor, zum Beispiel mit dem Namen Dagobert. Oder stellen wir uns vor, der ganze Keller wäre voller Goldmünzen. Und auch das Kinderzimmer (bestenfalls ohne Kinder) quölle – ja, das ist der korrekte Konjunktiv – vor Goldmünzen über.

Oder anders gesagt, wir wären so reich, dass wir uns einen Geldspeicher bauen müssten, damit all unser vieles Geld trocken und warm untergebracht wäre. Selbst bei ausschließlicher Ernährung von Kobe-Wagyu-Steaks auf getrüffeltem Beluga-Kaviar sowie der Fortbewegung im Privatflugzeug so oft es geht bzw. fliegt, wir kämen nie in die Nähe schwindenden Reichtums, weil täglich Tonnen Geldes und Goldes nachquöllen, die uns gestatten, sämtliche materiellen Wünsche zu erfüllen und einen Haufen immaterielle dazu (man staunt, was da alles doch geht).

Was wären wir glücklich! Richtig? Falsch!

Schauen wir uns doch um in der Welt der Superreichen. Da sind die Pop- und Rock-Barden und -Bardinnen, die Leistungsdruck und innere Leere zu lebensverkürzenden Substanzen greifen lässt, da sind die Starschauspielersprösslinge, die immer nur Sohn oder Tochter von ... bleiben und schließlich im Strudel des Müßigganges auf die schiefe Bahn geraten. Und da sind die vielen Reichen, die nie um ihrer selbst willen, sondern nur wegen ihrer Sommervillen geliebt werden.

Und da bist auch Du, geneigter Leser, geneigte Leserin.

Du magst keine Millionen besitzen, aber auch Du läufst Gefahr, wie die Superreichen ins Unglück zu stürzen. Wann?

Sobald Du Mann oder Frau hast, die mehr oder weniger aufs Wort hören und ein, zwei wohlgeratene und wenn nicht das, zumindest gesunde Kinder. Besitzt Du dazu noch ein schmuckes Häuschen mit Doppelcarport für Groß- und Kleinwagen sowie auf der Terrasse einen Gasgrill und im Garten einen Mähroboter, ist schon fast alles verloren. Doch es gibt Rettung!

Dein Vorbild: Dagobert Duck

Als erstes eine Studie. Nein, zwei. Verzählt ... Es sind drei!

Sowohl die Nobelpreisträger Deaton und Kahneman von der Universität Princeton/New Jersey, die Befragungen des Gallup-Instituts zur Zufriedenheit von 450.000 US-Bürgern auswerteten[7], als auch vier Forscher der Purdue-Universität in Indiana, die sich Befragungen des Gallup-Instituts von 1,7 Millionen Menschen weltweit vornahmen[8], kommen zu dem Schluss, dass das persönliche Glücksempfinden zwar vom Einkommen abhängt und mit steigendem selben ebenfalls ansteigt, aber eben nur bis zu einer gewissen Höhe. Danach ist auch bei höherem Verdienst kein signifikanter Anstieg persönlich empfundenen Glücks mehr zu verzeichnen. Nach beiden Untersuchungen liegt das Jahreseinkommen mit dem höchsten Glücksgefühl bei um die 70.000 Euro.

Nehmen wir im Jahr mehr Geld ein, steigt der zeitliche und energetische Aufwand es zu verdienen, die Angst, es zu verlieren und die Last, es zu bewahren.

Ein Nicht-Fantastilliadär mag über diese scheinbaren Nichtigkeiten schmunzeln. Aber kann sich unsereiner überhaupt vorstellen, wie es sein muss, in ständiger Angst vor den Panzerknackern zu leben? Oder gar vor Gundel Gaukeley, die es auf

unseren Glücks(!)zehner abgesehen hat? Hm? Wer? Na? Eben.

Die dritte Studie haut dem Bär die Beine weg! Wissenschaftler der New Yorker Cornell University fanden 2003 heraus: Lieber verdienen Menschen 100.000 Dollar im Jahr, wenn die Mehrheit nur 80.000 verdient, als 150.000 Dollar, wenn die Mehrheit 200.000 einnimmt.[9] Anders ausgedrückt: Solange Dagobert reicher ist als Klaas Klever und Dein Gasgrill größer als der Deines Nachbarn, ist alles gut.

---

[7] Kahneman, Daniel; Deaton, Angus: High income improves evaluation of life but not emotional well-being, In: PNAS, Nr.107 (38), 2010.

[8] Jebb, Andrew T.; Tay, Louis; Diener, Ed; Oishi, Shigehiro: Happiness, income satiation and turning points around the world. In: NATURE HUMAN BEHAVIOUR, Nr. 2, 2018, S. 33–38.

[9] Vgl. Scheider, Wolf: Glück, S. 16f., 2. Aufl. 2007.

Die Last des Besitzes erträgt leichter, wer nicht dessen Wertschätzung vergisst. Und auch wer sich alle wesentlichen Wünsche (Kinder/Carport/Gasgrill) erfüllt hat, kann sich davor bewahren, als an Besitz Gewöhnter betrübt dahinzusiechen. Durch Dagobert Ducks Devise: Entbehren ehren.

Immer mehr folgen dieser Lebensart. Statt „Einmal mit Milch und Zucker“, heißt es in Cafés urban-pulsierender Gegenden oft „Einen entkoffeinierten Bio-Arabica-Frappucino, halb Hafer-, halb Sojamilch mit Toffee-Nut-Flavour, kalt gebrüht!“. Warum tut der Besteller das?!

Weil er bereits Dagobert-Anhänger ist und insgeheim hofft, dank solcher Wünsche endlich auch etwas entbehren zu dürfen.

Noch durchkreuzt die Serviceindustrie in falsch verstandener Kundenorientiertheit diese Pläne. Aber es ist der erste Schritt in die richtige Richtung.

Ja, Dagobert ist die reichste Ente der Welt. Sein Vermögen übersteigt mehrfach den Wert der Staatsverschuldung der USA (aktuell 1,4 Billionen Dollar). Aber lebt er im Luxus? Gut, gelegentlich sieht man den Butler Baptist oder auch mal einen Johann in seinen Diensten, auch der Benutzung sehr langer Luxuslimousinen scheint er nicht abgeneigt, aber was Dagobert zuvorderst auszeichnet, ist eine Eigenschaft, die fälschlicherweise als Geiz gedeutet wird.

Da klaubt er, um auf aktuellem Stand zu bleiben, aus den Papierkörben des Stadtparks weggeworfene Zeitungen, nimmt warme Mahlzeiten mit Vorliebe bei seinem Neffen Donald ein und chartert, wenn er zu neuen Ufern aufbricht, Klapperkähne, die nur der Rost zusammenhält. Hinzu kommt eine an Selbstausbeutung grenzende Bereitschaft, statt zu fahren oder zu fliegen, zu Fuß zu gehen und statt im Hotel, unter freiem Himmel zu schlafen. Geiz? Nein. Weisheit!

Glück lässt sich nur durch Kontrast erleben. Welch Glück, wenn ein Krieg vorbei! Kennen wir hier gar nicht mehr.

7 praktische Praxistipps:

1. Schaffe dir Mangel.

2. Werde Veganer.

3. Bist Du schon Veganer, ernähre Dich nur noch von blauer Pflanzenkost.

4. Führe Tag, Woche oder Monat des Verzichts ein. (Schlauberger empfehlen, das ganze Jahr zu verzichten. Aufs Verzichten. Diese Unglücksraben.)

5. Stelle Dich irgendwo in Deine Wohnung und klebe Klebezettel an 7 Dinge, die Du ohne einen Schritt zu machen erreichen kannst. Auf jedem Zettel steht „Brauchst Du mich wirklich?" (Vorsicht, falls Partner in der Nähe!)

6. Fehlt Dir ein Messer, die Orientierung oder Aufmerksamkeit, freue Dich darüber.

7. … (Fehlt nicht, sondern lebt den Geist der Strategie!)

Das unglücklich ausgegangene Glücksexperiment

Überzeugt davon, ihr persönliches Glück stiege, würde sie in ihrem rasenreichen Garten das Mähen entbehrlich machen, begann Dr. Siglind Leid im Mai des vorletzten Jahres einen Mähroboter zu entwickeln. Im September des darauffolgenden Jahres, also jenes vor diesem, musste sie eingestehen, dass sie bei der Aufgabe auf ganzer Linie gescheitert war. Trotz 23 durchgearbeiteter Nächte zuzüglich mehrerer Sonntage funktionierte der Mähroboter nicht. Er macht nur Muh.

FERIEN VOM ICH
WALT DISNEY
Egon, bringen Sie meine Kleider!
A...aber da liegen sie doch!
Darf ich Sie vorsichtig daran erinnern, dass heute mein Vagabundentag ist?
Wie sehe ich aus?
Wie ein echter Bettler! Fast tun Sie mir leid!
I/T 1047 B

So soll's ja auch sein! Hihihi!
Einmal im Jahr einen Tag lang Ferien vom Ich! Der reiche Dagobert Duck schlüpft ins Kostüm eines Tippelbruders!
Wenig später...
Dunnerlüttchen! Der Herr Kollege hat's aber gut erwischt!
Spinnst du? Das ist doch der alte Duck! Einmal im Jahr hat der seinen „Vagabunden-tag"!
Später, im Aussichtsrat der Duck'schen Großbank...
Ich weiß, was Sie denken! Aber Kleider machen eben doch nicht Leute, wie Sie sehen!
Oh!
Ähem!
Der spinnt!

Ich bleibe zwar reich, aber einmal im Jahr schlüpfe ich in dieses Kostüm...
...um mir bewusst zu machen, dass ich ohne Ersparnisse, ohne Arbeit und ohne etwas Glück tatsächlich eine solche Elendsgestalt wäre!
Nach der Beendigung der Aufsichtsratssitzung...
Marsch unter die Brücke!
Wie? Ich bin kein Clochard! Ich bin Dagobert Duck!
Huch! Entschuldigung, Herr Direktor! In diesem... äh...
...Aufzug haben Sie mich nicht erkannt! Ich verstehe und verzeihe Ihnen!
Tja... wenn ich tatsächlich ein armer Schlucker wäre, könnte ich natürlich nicht so feudal speisen!

Das kann der sich leisten?
Mann, das ist doch der alte Duck! Der hat heute seinen Vagabundentag!
Vagabundentag? Pah! Nur weil er ein paar alte Klamotten anhat?
Einige Stunden später...
Sieh dir mal den Bettler an!
Unsinn, das ist doch Dagobert Duck! Der hat heute seinen Vagabundentag!
Schämen Sie sich! Sie bringen den ganzen Klub in Verruf!
Ach was! Sie dürfen das nicht so eng sehen!

Hach, ist das köstlich, wie sich das Volk vor einem Lumpenkönig wie mir verneigt!
DUCK'SCHE GROSSBETRIEBE
Die Herren von der Presse! Sie wollen unbedingt ein Interview!
Augenblickchen! Dem helfe ich ab!
Meine Privatlimousine! Aber sofort!
Und stellen Sie meinen Privatzug bereit! Ich will ungestört sein!
Geht in Ordnung!

Alles klar?
Sie können sofort abfahren... Oho! Recht originell, Ihr Reiseanzug. Wirklich gelungen!
Ah, was für ein ruhiges Plätzchen... und fast ohne Erschütterung...
...nur die Bibliothek könnte reicher ausgestattet sein!
Aua!
ZACK!
Was für eine Beule! Mein armer Kopf! Wer bin ich? Und wo?

Ich fürchte, ich habe mein Gedächtnis verloren!
Aha! Ich bin ein Bettler! Ein Bettler als blinder Passagier im Luxuszug eines Krösus!
Wird besser sein, ich begebe mich...
...auf den mir zustehenden Platz!
Obwohl's da drin recht gemütlich war! In der Tat!

Viele Stunden später...
Endlich hält er an!
Aua! Meine armen Knochen!
Im Gepäckwagen reist es sich bestimmt besser!
Hallo, Kollegen, ist es gestattet, dass ich...
Nein! Raus hier!
Aber dalli!
Wieso denn? Lass ihn doch rein, Gerd!
Nanu? Seit wann bist du denn vom Sozialamt?
Quatsch! Ich hab ganz andere Gründe!

Das ist doch der alte Duck! Der reichste Mann der Welt!
Der Penner da? Spinnst du?
Glaub's mir! In der Zeitung hat gestanden, dass er heut seinen Vagabundentag hat!
Und was will er dann hier drin bei uns?
Keine Ahnung, Gerd!
Grüß dich! Ich heiß Gustel und du?
Ich... ich weiß nicht mehr... mein Schädel... äh... ich heiße Theobald!
Kapiert? Er hat das Gedächtnis verloren!
Weißt du, was? Wir helfen ihm, dann...
Genau! Bei dem ist was zu holen! Das sag ich dir! Und eine Hand wäscht die andere!

Wenig später...
Schluck! Unser Waggon hat sich vom Zug gelöst!
Ach, ich Armer! Erst verliere ich das Gedächtnis und dann auch noch den Zug!
Jetzt sitzen wir schön in der Tinte!
Ich hab Angst!
Angst?
Ja, Angst! Bammel!
Aber nicht doch! Sobald's nicht mehr bergab geht, hält der Waggon von alleine an!

Aber nur, wenn er nicht vorher in der Kurve dort entgleist!
Stimmt! Wir müssen abspringen! Da, in den See! Los, reiß dich zusammen!
Das trau ich mich nicht!
Keine Angst! Wir helfen dir! Halt dich fest!
Jippiiie!

PLATSCH!
Hilfe!
Ich hab dich!
Siehst du? Auf deine neuen Kumpels kannst du dich verlassen!
Ja, das nenn ich Kameradschaft! Einen Unbekannten aus Seenot retten!
Nicht Kameradschaft! Freundschaft! Wir sind deine Freunde, Kumpel!
Und hoffentlich bald deine Teilhaber, alter Knabe!

Hier in der Nähe ist der Stadtstreicher-Campingplatz. Wollen wir?
Die Idee ist mir auch gerade gekommen! Nichts wie hin!
Aber...
Auaaa!
SCHNAPP!
Hilfe! Ein Fangeisen!
Tolle Gelegenheit, die Dankbarkeit unseres Herrn Milliardärs noch zu steigern!
Moment! Die Rettungsaktion soll möglichst dramatisch sein! Wir hetzen noch ein paar Hunde auf ihn!

Klasse! Hunde auf jemanden hetzen ist sowieso mein Lieblingssport!
Da wirst du Augen machen, Dagobert-Theobald!
PLIPP!
PLOPP!
WUFF!
WUFF!
KNURR!
Nein! Hilfe! Da! Die Hunde!
Keine Angst, Theobald! Wir sind ja da!
KNURR!
GRRRR!

PENG!
PENG!
Sie hauen ab, die Feiglinge!
Du bist mein Lebensretter!
So, und das Fangeisen machen wir auch gleich ab!
Ihr seid wirklich wahre Freunde! Wenn ihr nicht gewesen wärt...
Nicht der Rede wert!
Doch, doch! Ich weiß gar nicht, wie ich euch danken soll!
Ach, ich bitte dich! Lass nur!
Der hat ja keine Ahnung, dass wir's nur auf sein...
...Geld abgesehen haben!

Auf dem Stadtstreicher-Campingplatz...
Wie? Eine einzige Dose Bohnen zu dritt?
Komm mal her, Gerd!
Spinnst du? Der soll alles allein essen? Wo ich solchen Hunger hab?!
Das ist doch die beste Gelegenheit, ihn völlig für uns zu gewinnen! Dann spuckt er später auch was aus!
Daher...
Das kann ich nicht annehmen! Habt ihr denn keinen Hunger?
Nein! Hauptsache, du wirst satt!
Und was ist mit mir?

Ich bin Maulschellen-Manni! Bohnen her, oder ich lang dir eine!
Hände weg von Theobald, oder du kriegst es mit uns...
ZACK!
KNUFF!
PUFF!
Das zahl ich euch irgendwann heim! Verlasst euch drauf!
Oje! Ihr seht ja schlimm aus!
Macht nichts! Iss du nur ruhig weiter!

Köstlich! Seid ihr sicher, dass ihr nichts wollt?
Ganz sicher! Schleck!
So was von uneigennützig! Wirklich, ich weiß nicht, wie ich euch danken soll!
Was kann ich alter armer Schlucker euch schon bieten?
Uns fällt schon was ein! Hihi!
Aber jetzt wirst du müde sein! Ruh dich aus, wir wecken dich!
Vielen Dank! Ihr seid die reinsten Schutzengel!

Grrrr!
Pass auf! Er kommt!
BSSSS!
Seht ihr, was ich hier habe?
Wenn du noch Bohnen willst...
Ich will keine Bohnen! Ich will wissen, warum ihr so um den alten Knaben herum-scharwenzelt!
Da muss doch was dahinter-stecken!
Na schön, wir sagen's dir! Aber psst!

Gustel berichtet von ihrem Plan...
Klarer Fall von Gedächtnisschwund, verstehst du? Deshalb schleichen wir uns in sein Vertrauen ein, und dann kassieren wir!
Ich bin dabei!
Ihr nehmt mich als Sozius, und die Sache mit den Bohnen ist vergessen!
Hand drauf!
Okay, aber keine krummen Sachen!
Im Eifer des Gefechts merken die drei Gauner nicht, dass Onkel Dagobert durch ihre Unterhaltung aufgewacht ist...
Wie? Ich soll der reiche Dagobert Duck sein?
Natürlich! Jetzt fällt's mir ein! Egon! Der Vagabunden-tag!

Und dann der Unfall im Zug...
Von wegen Stadtstreicher! Ich bin Dagobert Duck!
Nichts wie weg! Mit den Blutsaugern will ich nichts zu tun haben!
Da! Er haut ab!
Mist! Er ist aufgewacht und hat alles gehört!
Ihm nach!
Halt, oder es gibt Ärger, Herr Duck!
Die Eisenbahn! Wenn es mir gelingt aufzuspringen...

Stehen bleiben! Wir kriegen Sie ja doch!
Der Zug steht! Schnell rein und ein Versteck gesucht!
Da vielleicht...
Hinein!
Huch! Gorillas!
Sie greifen uns an!

BRUMM!
GRRR!
Auaaa!
Huch!
ZACK!
Da vorne!
Na warte! Den kauf ich mir!
Oh! Eine Kanone!
Wie gemein!
Weg da, oder ich schieße! Wird's bald?

Hahaha! Wetten, dass auch die Kugeln aus Schokolade sind?
DIE GRÖSSTE SCHOKOLADEN-KANONE DER WELT!
Ach du Schreck!
Hohoho! Haha!
Achtung! Er haut ab!
Da ist er drin! Jetzt hat er keine Chance mehr!
Seht ihr? Wir haben ihn!
Na also!

Verschwindet!
Vorsicht! Die Kisten!
Auaa!
Auweh!
RUMPEL! POLTER!
Und weiter geht's! Da!
BOING!
Jetzt schnell weg!
Haltet ihn!

Der Zug fährt ab! Und der Alte mit!
Dann springt auf!
Wir sind gleich beim letzten Waggon!
Das ist gut!
Keuch! Keuch! Ächz!
O Schreck! Abspringen trau ich mich nicht!
Hab ich dich endlich, Alter! Jetzt wirst du ordentlich was ausspucken!

Und so, wenig später...
Mensch, Manni, konntest du uns nicht einen schnelleren Wagen besorgen?
RATTER! STOTTER!
SPOTZ! KRACKS!
Wart's ab, bis wir den Zaster haben, dann wird alles besser!
Vor dem Hause Duck...
Entweder ihr lasst uns den Geldspeicher ausräumen oder wir machen den hier fertig!
Nur zu! Macht ihn ruhig fertig, wenn ihr wollt!
Waaas?
Hier geht's um mein Leben!

Guten Tag, Herr Duck! Wie geht's?
Guten Tag, Leute!
Wie?
Ach du Schreck! Der Pennbruder ist ja echt! Von wegen Milliardär!
Das muss ein Doppelgänger sein!
Bloß weg!
Mann, so ein Reinfall!
Grrr! Du Blödmann, du!
Fahr uns sofort zurück, Manni!
RUFF!
KNUFF!
ZACK!
RATTER!
STOTTER!

Sie Hochstapler! Ich bin der echte Dagobert Duck!
Ach, du bist gar kein abgerissener Vagabund?
Natürlich nicht! Ich bin Dagobert Duck! Der reichste Mann der Welt! Kapiert?
Schluss mit der Maskerade!
Hahaha!
Maskerade?
Ja, die haben wir uns ausgedacht, um Sie zu retten!
„Vor ein paar Stunden..."
Wie? Dagobert Duck in der Gewalt von gefährlichen Banditen?

Von da an haben wir Sie nicht mehr aus den Augen gelassen!
Wenn ich das gewusst hätte, wär mir manches erspart geblieben!
Zusammen mit Ihrem Neffen haben wir uns überlegt, wie wir die Ganoven übertölpeln könnten!
Und das ist euch auch voll gelungen! Dafür gebührt euch tausendfacher Dank!
Wenig später...
Ich bin froh, dass ich wieder ich selbst bin und dass du vom Vagabundspielen genug hast!
Nehmen Sie ein Entspannungsbad und vergessen Sie alles, Herr Duck!
Vergessen ist gut...
...und ein entspannendes Bad in meinen Talerchen ist und bleibt das Höchste! Jaaa, hineinstürzen und darin herumwühlen wie ein Maulwurf...
ENDE

Strategie 3: Bereuen scheuen!

Nehmen wir an, beispielsweise, einem Fotowettbewerb teil oder das für unseren Nachbarn bestimmte Paket oder nehmen wir an, alle unsere Bedürfnisse und Wünsche wären fürs erste gestillt, es geht uns gut und dann widerfährt uns das:

Wir gewinnen 1000 Taler bei der Frühstücksradio-Anruf-Aktion „Nenn die passende Parole!“ (Sie lautet „Hallo?“). Es herrscht den ganzen Tag schönes Wetter, nicht zu heiß, nicht zu kalt. Wir werden noch vor dem Mittag überraschend zum stellvertretenden Chief-Executive-Hausmeister befördert und abends ist unser Partner uns vorbehaltlos zugetan und falls wir keinen haben, begegnen uns bereits im Stau auf dem Weg nach Hause hunderte potentielle selbige oder wir haben sogar einen zu Hause und es bieten sich dennoch interessierte andere für eine Spritztour ins Grüne an mit dem Cabrio, dass wir am nächsten Tag als einmillionster Besucher des Museums für unmoderne Kunst für einen Wochenendausflug gewinnen, bei dem dann auf einer einsamen Waldwiese beim Selfieknipsen der schon als ausgestorben geltende Rudimentäre Rammbock (ihm fehlt das Gehörn) durchs Bild galoppst (ein nur bei diesen Böcken beobachtete Art des Sprungsprints).

Und spätestens, wenn wir beim oben erwähnten Wettbewerb zum Fotografen bzw. zur Fotogräfin des Jahres in der Kategorie „Bestes Bockbild“ gekürt werden, laufen wir Gefahr, verhängnisvolle Fehler zu begehen.

Warum? Weil wir anheimfallen.

Wem?… Eines nach dem anderen.

Zunächst gilt es, sich dem richtigen Vorbild zuzuwenden!

Dein Vorbild: Gustav Gans

Geckenhaft, Gamaschen tragend und glücksverwöhnt – das ist Gustav Gans. Ganz wichtig: Gustav hat nicht nur ständig Glück. Er ist auch glücklich.

Wir wissen ja, dass da ein Unterschied besteht. Es sei noch mal daran erinnert, der Zustand (glücklich) folgt nicht automatisch auf den Umstand (Glück).

Denken wir an die vielen, also eigentlich wenigen, aber über Jahrzehnte betrachtet nun doch allerhand vom Glück des Zufalls Getroffenen: die Lottomillionäre. Die macht ihr vieles Geld – anders als der vom Millionengewinn Träumende gemeinhin denkt – eben oft nicht glücklich. (Ob und wie viel Geld glücklich macht, hatten wir ja schon)[10].

Fügen wir unseren Gedanken zum Glück zwei weitere Facetten hinzu. Gewissen und Reue.

Wie bei Aschenputtels Erbsen gibt es auch beim Gewissen qualitative Unterschiede, nämlich gutes und schlechtes. Anders als bei Aschenputtel kommen jedoch besonders bei moralisch wohlfeil Veranlagten beide ins Köpfchen. Und bleiben da. Und dann beginnt es zu rumoren. Das schlechte Gewissen: Habe ich mein Glück verdient? Sollte ich mein Glück nicht teilen? Es gibt doch so viele Menschen auf der Welt, die es mehr verdient haben … usw. usf.

Im schlimmsten Falle erwächst daraus das Gefühl etwas falsch gemacht zu haben. Und dann rollt die Reue über Dich hinweg.

Du betrachtest Dein Lottospiel, Deinen Fleiß und selbst das schöne Wetter als von Dir selbst herbeigeführten Fehler.

Wenn Du jetzt noch herausfindest, dass das Glück des Gewinners ohne das Unglück der Verlierer nicht denkbar wäre, fällst Du wohl oder über grässlicher Grübelei anheim.

[10] Merkst Du, wie hier eines aufs andere aufbaut?!

Denken wir daher hurtig an die Denkblasen von Gustav Gans. Hat dieser je – mit Ausnahme dieser Momente der Schwäche, die nur die Regel bestätigen – hat dieser je solche Gedanken gedacht?

Ja, Gewinner gibt es nur, weil es Verlierer gibt. Sogar bei sogenannten Win-Win-Situationen. Denn dabei gewinnen ja nur die, die daran teilhaben.

Aber mal ehrlich, da hast Du Glück und dann willst Du es Dir von Deinem schlechten Gewissen kaputt machen lassen? Oder vom guten, weil Du andere so sehr teilhaben lässt an Deinem Gewinner-Glück, bis nichts mehr übrig ist von Geld und Glanz. Es muss ja nicht immer Geld sein, möglich wären auch eine Reise, ein Auto oder der Titel „Attraktivster Leser von Entlich glücklich" (wer, außer Dir, hätte den mehr verdient?).

Nein, nein, Gustav Gans weiß gut: Gewinner-Glück zu teilen, (außer beizeiten mit Daisy) führt nur zu weiteren Bittstellern und dem Neid jener, die man nicht bedenkt. Was, wenn man es recht bedenkt, im Falle eines Erzrivalen wie Donald durchaus erquickend sein kann.

7 praktische Praxistipps:

1 Das Wissen, es nicht verdient zu haben, verbanne aus Deinen Gedanken.

2 Ändere Deinen Vornamen in Gustav. (Besonders als Frau würdest Du danach täglich intensiv diese Strategie trainieren können.)

3 Vermeide Kontakt mit Menschen, denen es schlechter geht als Dir.

4 Blicke nie zurück. (Außer beim Abbiegen oder wenn Du kokett wirken willst.)

5 Spende nichts an niemanden. Das ergibt sich schon aus Tipp 3.

6 Mache jedem deutlich, wie gut es Dir geht. Zuvorderst Dir selbst.

7 Bereue keinesfalls die Befolgung dieser Tipps. Man kann auch allein glücklich sein.

Das glücklich ausgegangene Glücksexperiment

Weder durch gute Worte noch durch schlechte konnte Micky Pluto dazu bewegen, seine Hütte zu verlassen. Micky vermutete Schuldgefühle, weil Pluto, statt wie ihm aufgetragen aufzupassen, dass ein krankes Kätzchen im warmen Körbchen bleibt, am Gartenzaun mit einer Pudelin poussierte. Das unbewachte Kätzchen purzelte aus seinem Körbchen und hat nun links ein Knickohr.

Nach einer Woche rief Micky die ja auch tierpsychologisch geschulte Dr. Siglind Leid. Trotz glückstherapeutischer Tricks gelang es ihr nicht, den scheinbar schuldbewussten Pluto aus der Reserve bzw. seiner Hütte zu locken.

Schließlich kroch sie in die Hütte hinein und stellte fest, Pluto plagte nicht Reue, sondern Räude. Die Pudelin hatte ihn angesteckt. Plutos Fell war schon ganz löchrig. Kein Wunder, dass er vor Scham in der Hütte blieb. Zum Glück kannte Dr. Leid die Tochter eines Hundespezialshampoofabrikbesitzers, bekam Rabatt und alles ward gut.

ERNTESEGEN
WALT DISNEY
Was der Mensch sät, wird er ernten, und für das Beste bekommt er außerdem einen Preis auf der Landwirtschafts-ausstellung.
Unsere Kürbisse sind die größten in ganz Entenhausen!
Meine Chilischoten sind die rötesten im ganzen Land!
Mein Mais ist der zarteste weit und breit!
Und Gustav Gans erntet sogar, ohne zu säen!
Ich hab wirklich Glück! Mein Apfelbaum trägt die schönsten Äpfel, die ich je gesehen habe.
Nur der arme Donald, der neben Vetter Gustav wohnt, hat nichts vorzuweisen.
Da plagt man sich und plagt man sich, und was ist der Erfolg? Ein einziges mickriges Äpfelchen!

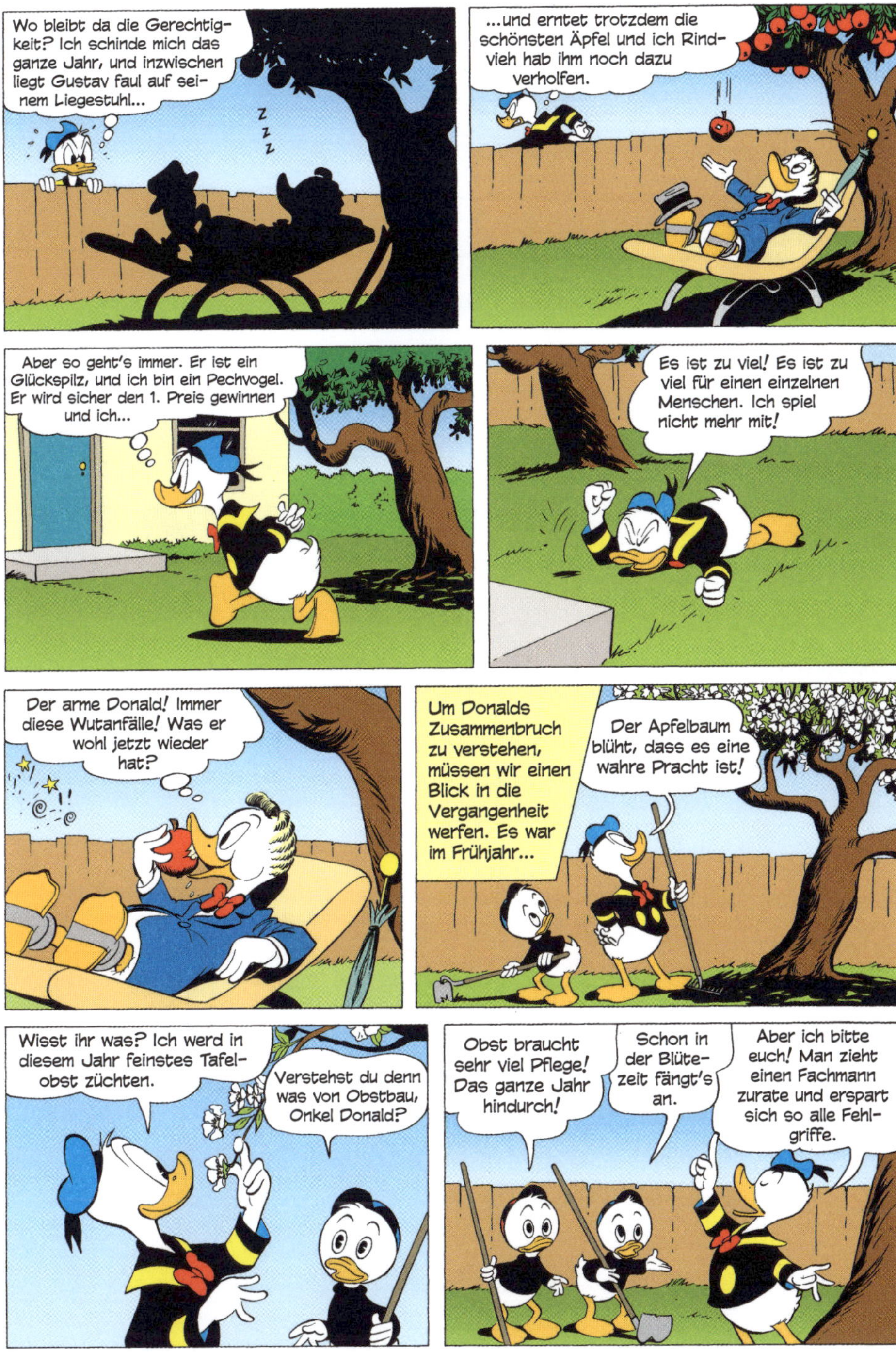
Wo bleibt da die Gerechtigkeit? Ich schinde mich das ganze Jahr, und inzwischen liegt Gustav faul auf seinem Liegestuhl...
Z Z Z
...und erntet trotzdem die schönsten Äpfel und ich Rindvieh hab ihm noch dazu verholfen.
Aber so geht's immer. Er ist ein Glückspilz, und ich bin ein Pechvogel. Er wird sicher den 1. Preis gewinnen und ich...
Es ist zu viel! Es ist zu viel für einen einzelnen Menschen. Ich spiel nicht mehr mit!
Der arme Donald! Immer diese Wutanfälle! Was er wohl jetzt wieder hat?
Um Donalds Zusammenbruch zu verstehen, müssen wir einen Blick in die Vergangenheit werfen. Es war im Frühjahr...
Der Apfelbaum blüht, dass es eine wahre Pracht ist!
Wisst ihr was? Ich werd in diesem Jahr feinstes Tafelobst züchten.
Verstehst du denn was von Obstbau, Onkel Donald?
Obst braucht sehr viel Pflege! Das ganze Jahr hindurch!
Schon in der Blütezeit fängt's an.
Aber ich bitte euch! Man zieht einen Fachmann zurate und erspart sich so alle Fehlgriffe.

So fing's also an!
Können Sie mir sagen, was ich tun muss, um feinstes Tafelobst zu bauen, Herr Baumwart?
Natürlich! Aber es kostet Mühe und Geld!
Zuerst einmal muss die Hälfte der Blüten weg, und die andere Hälfte muss mit garantiert artreinem Hochzuchtblütenstaub bestäubt werden.
Mach ich!
Das ist Blütenstaub aus der staatlichen Zuchtanstalt für Obst- und Beerenfrüchte. Drei Taler das Gramm!
So? Und was macht man damit?
Ja, lieber Herr, haben Sie nie was von künstlicher Bestäubung gehört? Kaufen Sie sich das Handbuch des Obstbaus. Da steht alles drin.
Daher...
50 Taler hat mich bis jetzt der Obstbau gekostet. Aber wenn ich im Herbst einen Preis krieg, soll's mich nicht reuen.
GÄRTNEREI
Was willst du tun, Onkel Donald?
Der Baumwart hat gesagt, die Hälfte der Blüten muss weg!
Da knips ich also die Blüten weg – ritsch! Oder sollte er es anders gemeint haben?
Halt! Jetzt dämmert's mir! Darauf hätt ich gleich kommen können.

Später...
So, die Kürbisse wären gesteckt! Wollen mal sehen, wie Onkel Donald zurande kommt.
Er wollte ja seine Apfelblüten verarzten.
Du liebe Zeit!
Was machst du denn da, Onkel Donald?
Na, was mir der Baumwart gesagt hat. Was sonst? Die Hälfte der Blüten weg!
Die Kinder erklären Donald, wie es gemeint war.
Jede zweite Blüte muss weg. Dann trägt der Baum weniger Früchte, aber jede einzelne wird größer.
So, so!
Na, meinetwegen! Das hätte man gleich wissen müssen. Jetzt gibt's natürlich nur die Hälfte von der Hälfte, macht ein Viertel.
Und jetzt die Sache mit der Blütenbestäubung!
Weißt du, wie man das macht?
Nach dem Handbuch gibt es vier Methoden. Ich hab die Absicht, die leichteste zu wählen.
So kommt der Blütenstaub in die Höhe. Wenn er über dem Baum schwebt, schieß ich ein Loch ins Säckchen, und schwupp! ist die Arbeit getan!
Patent!

Getroffen!
PENG!
Verflixt und zugenäht! Der Blütenstaub wird abgetrieben. Komisch!
Hier unten weht gar kein Wind.
Er fliegt auf den Apfelbaum im Nachbargarten.
Ich hör was surren.
Ah, da pennt einer! Er hat einen Ventilator angestellt, der die ganze Luft ansaugt.
Sieh mal, wer das ist!
Vetter Gustav, was tust du hier?
Ihr habt Nerven! Mich im schönsten Schlaf aufzuwecken!
Sag mir gefälligst, was du hier tust!
Ich wohn hier. Haus und Garten waren Hauptgewinne eines Preisausschreibens.
Aber ich hätt natürlich den Preis niemals angenommen, wenn ich gewusst hätte, dass du hier wohnst! Und nun lass mich gefälligst weiterschlafen!
Das ist schlecht, Onkel Donald. Das gibt bestimmt Ärger.
Das merk ich! Aber ich hab schon zu viel Geld in die Sache gesteckt.

Muss ich eben noch mal für fünf Taler Blütenstaub kaufen.
DONALD DUCK
Bald darauf...
Diesmal nehm ich die natürliche Methode.
BZZ! BZZ!
Aha, mit Bienen!
Seht ihr, hier durch den Schlitz kommen sie raus. Ich lass sie in die Papiertüte.
Wozu? Ich denk, sie sollen den Blütenstaub in die Blüten tragen.
Sollen sie auch! Der Blütenstaub war schon vorher in der Tüte.
BZZ BZZ
Ich schüttel ein bisschen, dann sind sie über und über voll Blütenstaub, wenn sie losschwirren.
BZT BUZZ! RAZZ! ZIZZ!
Vorsicht! Bienen werden leicht böse.
Nun lass ich sie los! Sehr ihr, sie fliegen schnurstracks zum Apfelbaum und befruchten die Blüten.
Sehr praktisch!
BZAZZ
Aber die Bienen sind so voll Blütenstaub, dass sie den Apfelbaum nicht sehen.
Ja, sie finden den Weg nicht.
Schnell, holt die Flasche Maiglöckchenparfüm aus dem Badezimmer, sonst kann's passieren, dass sie zu Gustavs Baum fliegen.

Jedoch...
Die machen einen Krach, wie sieben nackte Wilde! Hm, trinken wir noch einen Schluck!
Reichlich süß, die Limonade! Und das Aroma!
!
BZT!
BZZZZZZZ
Halt! Das ist der verkehrte Baum!
Was ist passiert?
Na, was schon?
Bald darauf...
Diesmal schalte ich alle Zufälle aus.
Der Blütenstaub wird in eine Patrone gefüllt und in die Blüten geschossen. Eine streng technische Methode!
Na, das kann wirklich nicht schiefgehen!
Erst mal sehen, ob der Wind aus der richtigen Richtung kommt.

Seh ich recht? Ein Gewehr! Jetzt wollen sie auch noch schießen, wo man sowieso schon vor Lärm kein Auge zutun kann.
Daraus wird nichts!
WAM
Wieder zwanzig Gramm Blütenstaub zum Teufel!
Und wo ist er? Auf Gustavs Apfelbaum! Hat der Mensch Glück!
Donald muss also die schwierigste Methode anwenden: die Einzelbestäubung mit einem Wattebausch.
Dreht mich ein bisschen nach links, dass ich nicht sehen muss, wie Gustav daliegt und faulenzt.
Diesmal klappt's und mit der Zeit reifen die schönsten Äpfel auf Donalds Baum.
Ich gieß mit Apfelwein, damit meine Äpfel besonders süß und saftig werden.
Das ist schlecht, Onkel Donald!
Der größte Teil sickert nämlich durch die Erdhörnchengänge rüber zu Onkel Gustavs Apfelbaum.
Chr!
HIC
Dann düng ich ihn eben mit Apfelgelee. Das sickert nicht weg.
GELEE
GELEE

Jedenfalls sind seine Äpfel längst nicht so groß wie meine, weil er zu faul ist, die Hälfte abzunehmen.
Ja, sein Baum hängt so voll, dass sie keinen Platz haben und ganz klein bleiben.
Du, Onkel Donald! Es kommt ein Gewitter!
O weh, es hagelt! Meine Äpfel, meine schönen Äpfel!
Alles umsonst!
Wie es wohl Onkel Gustav ergangen ist?
Unglaublich! Der Hagel hat die Hälfte seiner Äpfel runtergeschlagen.
Und er hat nichts getan, als den Schirm aufgespannt und weitergeschlafen.
Das war's also! Darum hat Donald im Herbst trotz all seiner Müh und Plage nur einen einzigen kleinen Apfel auf seinem Baum, während Gustav die schönsten Äpfel erntet, die man je in Entenhausen gesehen hat.
Diese Ungerechtigkeit!
Jedoch das Schicksal hat ein Einsehen – jeder erntet dennoch, was er gesät hat.
Mit den Äpfeln könnt ich einen Preis gewinnen. Aber da müsste ich direkt aufstehen, sie abpflücken und zur Ausstellung schaffen.
Das ist mir zu viel Arbeit. (Schudder!) Das tu ich nicht!

Aua! Sie müssen abgenommen werden, sonst fallen mir dauernd welche auf den Kopf.
PONK
He, Donald, altes Haus! Wenn du meine Äpfel abnimmst, kannst du sie haben. Aber du müsstest's gleich tun.
Alle Mühe wird belohnt. Auf der Landwirtschaftsausstellung bekommen tatsächlich alle unsere Freunde einen Preis.
Hurra! Wir haben einen Preis!
Und ich hab den ersten Preis für Tafelobst!
TAFELOBST
SCHÖNER VON BOSKOP
BESTÄUBT UND GEPFLÜCKT
VON DONALD DUCK
Wo ist Trick?
Der ist zu Onkel Gustav. Er hat die Preisrichter überredet, ihm einen kleinen Sonderpreis zukommen zu lassen.
Was? Aber ich...
Keine Angst, Onkel Donald! Keinen Preis für Äpfel, sondern einen Extrapreis.
Lieber Onkel Gustav! Die Preisrichter stiften dem faulsten Gärtner in Entenhausen einen Sonderpreis in Höhe von zehn Kreuzern.
Und den gewinn ich?
Ist ja großartig! Wer den Kreuzer nicht ehrt, ist des Talers nicht wert.
ENDE

WALT DISNEY
MEHR GLÜCK ALS UNVERSTAND
Wieso hast du nur immer so viel Glück, Gustav?
Das wüsste ich selbst zu gern.
Natürlich trage ich stets meine Talismane bei mir...
H 94146
...das Hufeisen und das vierblättrige Kleeblatt.
Ob sie mir wohl Glück bringen? Gib mal her!
?
Und dann?
Kauf ich mir ein Lotterielos! Und wenn ich gewinne, wissen wir, was Sache ist.
Also gut. Da!
Komm! Lass uns das Glück gleich auf die Probe stellen!
Das sind die beiden letzten für diese Stunde.
KAUFEN SIE IHR LOS! JETZT!
GLÜCKS-STUNDEN
JEDE STUNDE TOLLE GEWINNE
In dieser Stunde winkt eine hübsche Stehlampe.
Das macht nix.
AUSLOSUNG
JEDE STUNDE TOLLE GEWINNE

Bald...
Verflixt!
Glück ist dein zweiter Vorname, Gustav.
Wie meinst du das?
Na, wäre ich du, müsste **ich** das Schoßkind des Glücks sein.
Wie soll das gehen?
SCHNIPP!
Ich lass mich hypnotisieren.
Unsinn!
Selbst mit verbundenen Augen hätte ich dann mehr Glück als du.
Glaubst du das wirklich?
Ja!
Probieren wir es gleich aus!
Muss das sein?
Und ob! Hypnose und verbundene Augen machen Spaß.
Seufz!

Kurz darauf...
Sehen Sie mir tief in die Augen!
Ich zähle jetzt bis drei und dann sind Sie...
...Gustav Gans! Eins. Zwei.
ZZZZ!
Drei! Wer sind Sie?
Gustav Gans.
Was für schräge Vögel!
DIPL.-PSYCH. HÜBNO
Dann los, Donald!
Ich bin Gustav!
Und habe immer...
...Glück!
Hypnose bewirkt bei Donald rein gar nichts. Er hat genauso viel Pech wie immer.
Au!

Wie viel er sich erst noch brechen muss, bis er es kapiert?
Ich bin auf einem goldenen Füller gelandet. Schau!
?!
Den muss jemand da unten verloren haben.
Unfassbar!
Ab jetzt hab ich Glück in Hülle und Füller. Hehe!
Das war Zufall, oder?
Ich bin hier der Glückspilz.
Donald geht noch früh genug baden.
PFLATSCH!
Ist Donald jetzt wirklich ich? Und bin ich nun Donald?

Ich muss ihm unbedingt auf den Fersen bleiben.
Was macht er beim Juwelier?
Aha. Er verscherbelt den goldenen Füller.
Und kauft sich mit dem Geld neue Lotterielose.
JEDE STUNDE TOLLE GEWINNE
GLÜCKSLOSE
Ich kaufe alle restlichen Lose!
Aber gern.
In dieser Stunde winken 10.000 Taler.
Das macht nix.
AUSLOSUNG
Ich möchte ein Los kaufen. Sofort!
Tut mir leid. Sie sind alle verkauft.
O nein!
SCHLUCK!

Kurz darauf...
Ich fass es nicht!
Sie wollen wirklich alles in bar?
Ganz genau!
JEDE STUNDE TOLLE GEWINNE
Ich bin das Glück in Person.
Denn ich bin Gustav Gans!
GLÜCKSLOSE
Welch Schicksalsschlag! Donald hat mir meinen Namen und mein Glück weggenommen.
Und all das könnte ihm bald weggenommen werden...
Manche Leute sind echt stinkreich.
RUNDSCHAU
Und mir stinkt's, dass ich es nicht bin. Harhar!
RUNDSCHAU
Hier ist das Finanzamt! Aus dir schüttle ich den letzten Kreuzer raus, Kleiner!
Gluck!
Und deine Klamotten sind das Allerletzte. Harhar!

?
Hilfe!
Was treiben Sie hier?
Ich wurde überfallen.
Name?
Keine Ahnung. Der Gauner hat mir seinen nicht gesagt.
Ich meinte Ihren!
Gustav Gans.
Können Sie mir den Täter beschreiben?
Mütze, Pulli, Zigarre und in der Hand einen Matrosenanzug. Ihm nach!
Stehen bleiben!
?!
Donald, um Himmels willen! Was ist los?

Irrtum, Daisy. Ich bin's, Gustav!
Was? Wer willst du sein?
Gustav Gans! Wer denn sonst?
Lass den Quatsch, Donald!
Und stier mich nicht so an!
Stier? Selbst eine blinde Kuh sieht, dass ich Gustav bin!
Dir geb ich gleich „Kuh"!
KUHMPF!
Durch den Schlag erwacht Donald aus seiner Hypnose...
Wo bin ich?
Warum ist es so kalt?
Daisy! Was machst du hier?
Ich wollte dich nur auf ein Skiwochenende einladen...
...aber wer will schon allein mit einer Kuh in die Berge fahren?
Daisy! Halt!
Donald scheint wieder der Alte zu sein. Vielleicht kommt jetzt auch das Glück zu mir zurück.

Es sieht fast so aus...
Gustav Gans?
Ja. Ich hab aber nichts getan.
Wissen wir. Hier, Ihr Geld! Der Kerl, der Sie ausgeraubt hat, sitzt ein.
?
Glück für Sie, dass wir gestern Ihren Namen notiert haben.
Sonst hätten Sie Pech gehabt und die 10.000 Taler wären futsch gewesen.
10.000 Taler! So eine schöne Überraschung! Und das alles nur, weil Donald mein Glück hatte.
SCHMATZ!
Und so...
Wie nett! Gustav hat mir zehn Taler geschickt.
Und warum?
Wenn ich das wüsste!
Ist aber auch egal. Gehen wir damit ein Eis essen!
Wir sind echte Glückspilze!
DONALD DUCK
ENDE

Strategie 4: Imaginieren probieren

Malen wir uns aus, Pinsel und viele Farben vorausgesetzt, die Nase wird rot, die Stirn blau und alle Arme und beide Beine malen wir gelb aus.

Albern, nicht wahr?

Aber für einen kurzen Moment konntest Du – ein Mindestmaß Begabung unterstellt – einen kunterbunten Körper sehen.

Das Mysterium der Fantasie. Ihr verdanken wir überhaupt jene Helden, über die wir hier reden. Ohne Walt Disneys Fantasie, ohne seine Gabe, so noch nie dagewesene Mäuse und Enten zu sehen, die Späße treiben und Spannendes erleben, hätte Carl Barks später nicht vor seinem geistigen Auge Entenhausen sehen können und viele andere vieles andere nicht.

Der Kraft der Imagination verdanken wir eine Welt, die die ganze Welt kennt.

Walt Disney kam die Idee zu Micky Maus 1928 während einer endlosen Eisenbahnfahrt. Eingesperrt in einem engen Zugabteil blieb ihm und seiner Frau Lillian nur die Freiheit der Gedanken.

Und da haben wir schon Deinen nächsten Weg zum Glück.

Beheimatet im Spannungsfeld von Gefangensein, Freiheit und Trudi. Klingt rätselhaft, löst sich aber gleich auf. Durch jemanden, der sich mit allen drei bestens auskennt. Und den etwas Entscheidendes von Walt Disney trennt: kriminelle Energie!

Dein Vorbild: Kater Karlo

Wellen plätschern. Möwen schreien. Die Sonne brennt.

Da kommt auch schon mit Tatütata die Feuerwehr, fährt die Leiter aus, ein behelmter Mann samt Schlauch klettert hinauf und … löscht die Sonne?

Okay, imaginieren kann aus dem Ruder laufen. Wenn es nämlich einfach nur ein Traum ist. Oder gar ein Albtraum.

Imaginieren ist mehr. Ist nicht einfach das Treibenlassen der Gedanken. Imaginieren ist bewusstes Erschaffen von quasi-erlebter Realität.

Auch außerhalb von Gefängnismauern empfinden sich viele als Gefangene. Besonders in der Mitte ihres Lebens. Eingemauert von Beruf, Beziehung, Bankenforderungen und Blagen.

Karlos Leidenschaft: Boxen. Und wenn der echte Micky nicht herhalten kann, tut's auch die Fantasie und eine Puppe.

Ein Gefängnis, aus dem wir uns – falls nötig – befreien könnten, wären wir nur mutiger und weniger müde.

Doch wie viel schlechter geht es da objektiv dem wirklich Gefangenen. Jemandem wie Kater Karlo. Aber ist der missgelaunt? Unglücklich?

Ja, sicher für einen Moment, wenn er wieder mal im Kater-und-Maus-Spiel den Kürzeren zieht und abgeführt wird.

Aber ansonsten erleben wir ihn trotz seiner zehntausend Niederlagen unerschütterlich optimistisch. Muss er sein, sonst würde er ja nicht immer wieder losziehen und Klunker klauen.

Woher rührt dieser Optimismus? Warum ist jemand, der Wochen, Monate, Jahre seines Lebens im Gefängnis verbringt, nicht todunglücklich?

Weil ihm in der Enge seiner Zelle die Freiheit der Gedanken bleibt. Während Walt Disney eine Maus imaginierte, sind's bei Kater Karlo tausende Mäuse … Piepen, Schotter, Kies, Kohle … unlauter angeeignet. Ohne, dass er dafür tatsächlich ein- oder ausbricht.

So lässt sich das Gefangenendasein ertragen.

Es ist nicht der erhoffte Erfolg, der Kater Karlo antreibt. Es ist das Glück des Pläneschmiedens.

Und nicht zuletzt das Leuchten in den Augen seiner Mieze Trudi, wenn ihr Katerchen sie teilhaben lässt an seinen Verbrecherfantasien. Dann ringt die treue Trudi die Hände und rote Herzchen entspringen ihren Äuglein. Ist nicht allein das schon Lohn genug?

Eines sollte an dieser Stelle klar gesagt werden:

Verbrechen lohnt sich in Entenhausen nicht.

Außer für Polizisten und Privatdetektive. Denn wenn es keine Verbrechen aufzuklären gäbe, wovon sollten Kommissar Hunter, Inspektor Issel und Micky leben? Vom Imaginieren etwa?

7 praktische Praxistipps:

1. Schließe die Augen. (Nicht jetzt natürlich, Du musst ja weiterlesen. Nachher erst.)

2. Lass dann vor Deinem inneren Auge Orte wiedererstehen, an denen Du schon warst. Das übt.

3. Führe danach in Gedanken Handlungen aus, die Du schon mal ausgeführt hast. Das übt auch.

4. Stelle Dir nun Handlungen vor, die Du noch nie getan hast an Orten, wo Du noch nie warst. (Knifflig, was?)

5. Stelle Dir jetzt auf gar keinen Fall Donalds orangenen Schnabel vor. (Na, siehst Du ihn trotzdem? Jetzt weißt Du, niemand kann Dich vom Imaginieren abhalten.)

6. Schließe am Ende dieses Satzes wirklich die Augen und imaginiere, was bei Tipp 7 stehen könnte.

7. …

Das unglücklich ausgegangene Glücksexperiment

Jeder Psychoanalytiker, das wusste schon Sigmund Freud, braucht eine Couch. Psychoanalytikerin Dr. Siglind Leid, Expertin für die glückliche Psyche, fand auch nach wochenlanger Suche in Entenhausener Einrichtungshäusern kein Liegemöbel, das den Anforderungen ihrer nicht nur psychisch, sondern auch physisch höchst unterschiedlich ausgestatteten Patienten genügte. Also bat sie ihre Patienten in der ersten Therapiestunde die Augen zu schließen und sich ihre Idealcouch einfach vorzustellen. Das klappte recht gut, bis zu dem Moment, als die Patienten sich anschickten, auf ihrer imaginierten Liegestatt zu ruhen und stattdessen auf dem Boden der Tatsachen landeten bzw. Dr. Leids Hartholzparkett.

KATER KARLO DENKT AN ALLES
WALT DISNEY
Voller Ungeduld erwartet man die Eröffnung einer bedeutenden Juwelen-ausstellung...
INTERNATIONALE
JUWELEN-AUSSTELLUNG
Am ungeduldigsten von allen werden die Ganoven sein!
Da könnten Sie recht haben, Herr Maus!
I/T 2041 E

Diese kostbaren Steine werden so manchen in Versuchung führen!
Tja, in den letzten Nächten ging es schon ziemlich turbulent zu!
„Die Ersten konnten die Eröffnung nicht mehr erwarten..."
He, ihr zwei da! Darf ich fragen, was ihr vorhabt?
Ähm... würden Sie uns glauben, wenn wir sagen, wir trainieren für unsere nächste Bergtour?
Der schlimmste von allen macht mir die größten Sorgen!
Kater Karlo? Keine Bange! Der hat auf den Pfad der Tugend zurückgefunden!
Sie glauben mir nicht? Machen wir doch einen kleinen Besuch! Vielleicht überzeugt Sie das!

Und so...
Wie oft muss ich Ihnen noch sagen, dass mich diese Juwelen nicht interessieren?
Mein Dickerchen ist jetzt ein Braver!
Ich bin ein ehrlicher Mensch geworden und schäme mich für meine, äh... bewegte Vergangenheit!
Ich hoffe für dich, dass das wahr ist! Du weißt, was dich sonst erwartet!
Das Gefängnis? O nein! Dorthin geht er nie wieder!
Was halten Sie davon?
Ich trau dem Braten nicht! Ehrlichkeit war noch nie eine von Kater Karlos Stärken!

Wie wahr!
Harr! Harr! Na, was sagst du, mein Täubchen? War ich gut?
Du warst großartig! An dir ist ein Schauspieler verloren gegangen!
RUMMS!
Wirklich?
Ja! Du hättest jeden überzeugt!
Jeden... bis auf diesen krankhaft misstrauischen Knirps, fürchte ich!
Ich hoffe, dass er die Wahrheit gesagt hat! Dann müssen wir schon einen weniger überwachen!
Wie dem auch sei, ich werde ihn im Auge behalten!

Kurz darauf, im Keller unter Kater Karlos Haus...
Mein Plan ist bombensicher! Das ist der Grundriss von dem Schloss, in dem die Ausstellung stattfindet!
ENTENHAUSEN SCHLOSS-MUSEUM
Und hier seht ihr einen sehr alten und seltenen Plan von einem ehemaligen Kanalisationsnetz!
Dieser Kanal hier verläuft genau entlang einer der Wände des Schlosskellers.
Zzz...
Grmbl! Na warte!
Wach auf!
Hu-huch! Entschuldigen Sie, Frau Lehrerin! Ich konnte gestern meine Hausaufgaben nicht machen, weil...
KRACH!

Was faselst du da, du Trottel?
Oh, entschuldige! Ich habe geträumt, ich wäre in der Schule!
Du hast an der Tafel gestanden wie ein Lehrer, da bin ich aus alter Gewohnheit eingepennt!
Pah!
Eure Aufgabe ist es, die Bullen von uns ab- zulenken...
„...wenn Schnauz und ich in den Ausstellungsraum marschieren..."
„...und die Vitrinen ausräumen!"

Na, ist dieser Plan nicht genial?
Er könnte schon klappen!
Wenn Micky nicht wäre! Er hat uns bisher...
...noch jede Suppe versalzen!
Pah! Wegen dem lass ich mir keine grauen Haare wachsen!
Hört bloß auf zu unken!
RUMS!

Mein Dickerchen hat Micky zwar noch nie überlistet...
...aber er hat es zumindest immer wieder versucht!
O ja! Ich weiß gar nicht mehr, wie viele Male!
Statistisch gesehen stehen seine Chancen so gut wie nie! Keiner kann immer verlieren!
Erst recht jetzt, wenn ein Plan so durchdacht und bombensicher ist!
Täubchen, du hast sogar mich überzeugt!
Okay! Gehen wir das Risiko ein!
BONG!

Einige Tage später...
1
2
3
4
Wenn Karlo tatsächlich etwas plant, hat er es damit offenbar nicht eilig!
113
Seit Tagen beobachte ich ihn schon...
113
...aber er sitzt immer brav zu Hause und erhält auch keinen Besuch!
Jetzt hat er jedenfalls keine Zeit mehr, einen größeren Coup zu organisieren! Dann kann ich genauso gut abziehen!
Aber wenn Micky hinter die Gardinen blicken könnte...
Du kannst aufhören, Trudi!
113

Japs! Keuch! Ich bin auch fix und fertig!
Aber das Gestrampel war gut für meine Figur! Ich habe 300 Gramm abgenommen!
Hihi! Wenn das ein paar Jährchen gedauert hätte, hättest du deine Idealfigur erreicht!
Grmpf! Das nächste Mal trittst du in die Pedale, du Witzbold!
Zur gleichen Zeit...
Wenn Micky wüsste... harr, harr! Dieser Stollen führt uns direkt ans Ziel unserer Träume!

Falls er mich nicht vorher ins Krankenhaus bringt! Autsch!
Oh! Hab ich dich schon wieder am Schädel erwischt?
Schon zum fünfzehnten Mal! Kannst du nicht besser aufpassen?
Nun, im Eifer des Gefechts!
He! Wo ist Hugo abgeblieben?
Hier ist er! Ich höre ihn!
Mmmm!
Ächz! Ich erinnere mich nur noch an einen Schlag und...
Ihr solltet eben lernen, den Sicherheitsabstand einzuhalten!
GRUMMEL!
Schluck! Was ist das?
Ein Erdbeben!

Ähm... nein, das ist nur mein Magen, der mir signalisiert, dass es Zeit wird fürs Mittagessen!
Könnte dir dein Magen nicht etwas leiser kundtun, dass es halb eins ist?
GRUUU
MMEL!
Gleich stürzt die ganze Bude ein!
Du übertreibst! Außerdem sind wir schon da!
GRU
UUM
MMMEL!
Hihi! Pünktlich wie die Maurer!

Nur noch wenige Schläge, dann sind wir durch!
Iss, Dickerchen! Du musst dich stärken!
Die bei der Ausstellung glauben, ihre Alarmanlagen würden sie genügend schützen...
...aber auf eine Attacke aus dem **Untergrund** sind sie nicht gefasst! Harr! Harr!
Am Tag der Eröffnung...
Bis jetzt gab's nichts Verdächtiges!
Hoffentlich bleibt es auch so!

Zufrieden, Herr Direktor? Sieht aus, als würde alles problemlos ablaufen!
Abwarten, Herr Kommissar!
In einer Minute kommt der kritischste Moment!
Und der wäre?
Der Beginn des großen Ansturms!
Welcher Ansturm?
Nun, der auf die kalten Platten!
Das Büfett ist eröffnet!
Aus dem Weg!

Aber nicht alle stürzen sich auf Häppchen und Happen...
Finger weg! Dieses Sandwich gehört mir!
Zu dumm, dass ich auf Diät bin!
Wie erwartet ist auch niemand zu sehen!
Diese nassen Lappen sorgen für die nötige Rauchentwicklung! Hehe!
Ganz recht...
He! Der Feuermelder schlägt Alarm!
Ich rufe sofort die Feuerwehr!
BIP! BIP! BIP!

Toller Service! Es ist noch nicht mal nötig, etwas zu trinken zu bestellen!
Aber ehrlich gesagt, würde ich das übliche System vorziehen!
Keine Sorge, meine Herren...
...das ist nur die Sprinkleranlage, die sich automatisch eingeschaltet hat.
Oh, verstehe.
Huch! Aber das bedeutet ja...
...dass es brennt! Feurio!
Oje! Vielleicht wäre es besser gewesen, ich hätte den Mund gehalten!
Hilfe! Ich will hier raus!
Wo bleibt die Feuerwehr?

O nein! Das ist ja entsetzlich!
Kein Grund zur Panik, Herr Direktor! Die Feuerwehr rückt bereits an!
Aber...
Achtung, brems!
QUIIIETSCH!
Diesen Wagen aus dem Weg zu räumen kostet uns wertvolle Zeit!
Hehehe!
Und das ist erst der Anfang!

In der Tat...
So! Das war der Kurzschluss!
FRITZEL!
FRITZEL!
Herr Kommissar! Das Licht ist ausgegangen!
Ich seh's auch gerade, Herr Maus!
Jede Wette, dass diese Zwischenfälle Teil eines ausgeklügelten Plans sind!
Los! Jetzt sind wir dran!

Niemand in Sicht!
Noch nicht! Hehe!
KLONG!
Da! Was war das?
He, ihr zwei! Stehen bleiben!
Ups! Nichts wie weg!
Los, ihnen nach, Herr Kommissar!
Hierher, Männer! Beeilt euch!

Diese Dummköpfe! Wenn die wüssten...
Das erfahren sie schon noch!
Inzwischen...
Um diese Zeit müssten die draußen ihr Ablenkungsmanöver gestartet haben!
Nimm! Dir gebührt die Ehre des letzten Schlags!
Na, so was! Diese Schufterei macht mir direkt Spaß!
Harr! Was für ein Anblick!

Sie sind verschwunden!
Sie müssen sich schon vorher einen Fluchtweg ausgesucht haben!
Da oben können sie lange nach uns suchen!
Und hier unten vermuten sie uns nie!
Dieses Mal hat Karlo bei seiner Planung an absolut alles gedacht!
Klasse Leistung!
Was war das für ein Geräusch? Komm, sehen wir nach!
Aber vorsichtig! Wir sind nur zu zweit!

Angenehme Ruhe, Freunde!
BONG!
BONG!
Inzwischen...
Die Gauner sind uns zwar entkommen, aber zumindest konnten sie nichts klauen!
Hm...
Die Verwirrung, die sie mit dem Feuer gestiftet haben, hat ihnen also nichts genützt!
Das gefällt mir nicht! Sie haben uns die Sache viel zu einfach gemacht!

Wir begnügen uns mit den Juwelen aus diesem Raum! Man ist ja nicht unbescheiden!
Diesmal ist uns Micky nicht in die Quere gekommen, Boss!
Ich würde zu gerne sein Gesicht sehen, wenn...
Mein Gesicht möchtest du sehen?
Den Wunsch kann ich dir erfüllen!
Huch!
Ich hatte also doch recht mit meinem Verdacht!
Und ich hatte recht mit **meinem** Verdacht, dass du mich verdächtigst!

Aber du kriegst mich trotzdem nicht!
He!
KA-RACKS!
KICK!
Los! Nichts wie raus hier!
Herr Maus! Alles in Ordnung?
Schnell! Die Gauner versuchen zu entkommen!
Oje! Sie verfolgen uns, Boss!
Pech für sie! Ich hab eine kleine Überraschung für sie vorbereitet!

Vorsicht! Ein Sandsack!
Hast du gehört? Ein...
SCHWING!
BOING!
Pieps!
Schnell, weiter! Um den kümmern wir uns, sobald wir die Schurken gefasst haben!
PLUMPS!
Doch es geht weiter mit den Überraschungen...
Vorsicht! Da ist ein Kanal!
Ich seh's!
RAUSCH!

Huch!
KLONG!
Die-die Decke! Zu-zu nie-niedrig! Ächz!
Dann bleibe also nur noch ich! Und das heißt: zwei gegen einen!
Da ist der Ausgang! Wir haben es geschafft!
Noch nicht ganz! Micky ist immer noch im Rennen!
Nicht mehr lange! Das wird ihn aufhalten!
BONG!
KRACH!
BREMS!
PLOFF!

Haben wir ihn getroffen?
Leider nicht!
Egal! Er hat keine Chance mehr, uns einzuholen!
Sei dir da mal nicht so sicher, du Schurke!
Worauf warten wir noch, Boss? Da kommt er schon!
Trudi auch!
Na also! Pünktlich auf die Minute!
WRUPP-WRUPP-WRUPP!
WRUPP-WRUPP-WRUPP-WRUPP!

WRUPP!
WRUPP-WRUPP!
WRUPP!
WRUPP!
Hallo, Dickerchen!
Huhu, mein Täubchen!
Sobald wir im Hubschrauber sitzen, sind wir endgültig in Sicherheit!
Karlo, du bist ein Genie!
Noch gebe ich mich nicht geschlagen!
Hartnäckig, wie?

Harr! Harr! Harr!
PLOTSCH!
Auf Nimmer-wiedersehen!
WRUPP-WRUPP!
WRUPP-WRUPP!
Ich krieg dich schon noch!
Dazu müsstest du aber fliegen können! Harr! Harr!
Dass ich das noch erleben durfte...

Mein Erzfeind – besiegt und gedemütigt! Wie lange schon habe ich von diesem Moment geträumt!
Tja... was lange währt, Dickerchen!
Dieses Mal hast du wirklich an alles gedacht!
Sogar ans kleinste Detail!
So wird es von nun an immer sein!
Immer! Was für ein Traum!
Herr Karlo? Entschuldigung, Herr Karlo!
Zzzz... Ist diese schöne Geschichte wirklich schon zu...
...ENDE?

Herr Karlo! Zeit, dass Sie wieder aufwachen!
HYPNODROM
Erleben Sie unter Hypnose das Abenteuer, von dem Sie schon immer geträumt haben!
Oh, wirklich? Schade!
Na, wie war's?
In unserem HYPNODROM werden Ihre Wunschträume wahr!
Einfach phänomenal!
Es war so, als hätte ich diese Geschichte tatsächlich erlebt!
So soll es ja auch sein!
Unser Hypnodrom beschert jedem die Erlebnisse, die er sich schon immer erträumt hat!
Das wird bestimmt ein Riesenerfolg!

In mir haben Sie jedenfalls einen Stammkunden gewonnen! Ich komme ganz bestimmt wieder!
Dann auf Wiedersehen!
Ja, bis bald!
Hallo, Karlo!
Oh! Du hier, Micky?
Hmpf... hihi! **Harr! Harr!**
Entschuldige, dass mich dein Anblick so erheitert! **Harr!** Tut mir leid! **Harr! Harr!**
ENDE

Strategie 5: Deppen mitschleppen

Kindermund tut, und das ist wahr, viel zu oft gar nichts. Beispielsweise wenn das Kind ein aus fair gehandeltem Agavensirup hergestelltes Bonbon geschenkt bekommt. In solchen Fällen sind Erziehungsvorschlagsberechtigte zu Sätzen gezwungen wie „Was sagt man da?“ oder „Möchtest du dich nicht bedanken bei Tante Klarabella?“. Ein hohes Maß Textverständnis zeigt das Kind, wenn es auf die zweite Frage zur Antwort gibt: „Nein, ich möchte mich nicht bedanken.“ Oder auch: „Nö.“ Kindermund tut allerdings auch oft in Momenten, in denen Nichtstun angebracht wäre, das Gegenteil und scheut die Wahrheit nicht. Dann fallen Sätze wie: „Tante Klarabella, du hast ein Gesicht wie eine Kuh!“

Dies ist dem dem Kind beigeordneten Erwachsenen dann peinlich oder löst bei allen Nichtkindern, außer Tante Klarabella, Heiterkeit aus, was wiederum dem Kind peinlich ist. Doch was peinlich ist, muss ja nicht unwahr sein. Manchmal entschlüpft dem Kindermund eine entscheidende Erkenntnis, die sowohl Zusammenhänge als auch Auseinandersetzungen in einem völlig neuen Licht erscheinen lässt. Von allein hätte man als Erwachsener nur gar nicht daran gedacht, so zu denken.

Nun nennt nicht jeder ein Kind sein eigen, das ihn bei der Denkarbeit unterstützt.

Was macht also der besonders kluge Erwachsene? Er orientiert sich an Micky!

Dein Vorbild: Micky Maus

Genialer Goofy-Ratschlag aus frühen Jahren von Floyd Gottfredson.

Micky war mal ein chaotischer Komiker. Er musizierte auf Haustieren, stolperte und holperte durch Haus und Heide und kämpfte mit vollem Körpereinsatz gegen die Tücken des Alltags und um Minnies Wohlergehen.[11] Gewitzt zwar war er schon damals in den späten Zwanzigerjahren und dem folgenden Jahrzehnt. Aber weit entfernt noch vom klugen Mäuserich der späteren Abenteuer- und Spannungsgeschichten, für die man ihn heute kennt, wenngleich er unter dem Einfluss von Autor und Zeichner Floyd Gottfredson in den täglichen Zeitungsstrips der 1930er-Jahre geistig reifte. Wer Floyd Gottfredsons Werk nicht kennt: Das macht nicht nichts. Sondern ist eine bitte schnell zu schließende Bildungslücke.

Heute also kommt Micky meist klug daher. Und damit ist er Dir doch ähnlich, nicht wahr?

Wenn Du jetzt genickt hast, bist Du zunächst nicht unbedingt klug, sondern ziemlich eitel. Der kluge Kluge dagegen kennt die Grenzen seiner Klugheit. Er weiß, dass er so überdurchschnittlich klug ist, dass es schon wieder an Dummheit grenzt.

Ein Beispiel: Die Frage „Was ist Weiß?“ beantworten eitle Kluge mit wikipediaesker Weisheit und sagen, Weiß sei eine unbunte und keine Spektralfarbe, die wir nur sehen können, wenn alle drei fürs Farbsehen zuständigen Zapfen in der Netzhaut des Auges in gleicher Weise und mit ausreichend hoher Intensität gereizt werden.

[11] Vgl. *Steamboat Willie* und alle anderen frühen Zeichentrickfilme Mickys.

Der kluge Kluge kommt gar nicht dazu zu antworten, weil ihm ein anderer zuvorkommt. Sein Goofy!

Auch Goofy war anfangs ein Chaot und vor allem ein Tollpatsch. Das ist er geblieben, wenngleich seine Tollpatschigkeit im Laufe der Jahre eine Verlagerung vom Körperlichen zum Geistigen erfuhr. Goofy stolpert nun mehr gedanklich. Oder geht einfach den geraden Weg. Er würde auf die Frage „Was ist Weiß?“ antworten: „Schnee“. Oder alternativ ein Foto zeigen von seinem Urahn Albinogoof.

Micky weiß Weiß zu erklären. Er weiß aber auch, was er an Goofy hat. Das große Kind nämlich. Oder eben den erwachsenen Deppen. Der Wahrheiten kundtut, wo es sich kein anderer traut. Dessen Blick auf die Dinge nicht vom geistigen Reifen durch Lebenserfahrung getrübt wird.

Goofys Naivität und Begriffsstutzigkeit haben den binären Doppeleffekt.

Erstens treibt er Micky damit einerseits oft in den Wahnsinn und bringt ihn andererseits kaum weniger oft unverhofft und vor allem unbeabsichtigt auf die richtige Spur. Ohne Goofy säße so mancher Schurke nicht hinter Schloss und Riegel, sondern in einem Liegestuhl an der Copa Cabana oder beim Après-Ski in St. Max.

Zweitens lassen Goofys Naivität und Begriffsstutzigkeit einerseits Mickys Klugheit noch klüger erscheinen und machen andererseits Mickys geistige Überlegenheit für manche erst erträglich, weil sie eher mit Goofy'scher Geistesgröße gesegnet sind.

Deswegen, Kluger, heißt es auch für Dich in Zukunft, wann immer es geht und obwohl gelegentlich eine Last: Deppen mitschleppen!

7 praktische Praxistipps:

1 Finde jemanden, der dümmer ist als Du. (Für manche eine Herausforderung. Für Dich natürlich nicht.)

2 Als Frau hast Du es bei der Suche nach einem Deppen leichter. Meist schläft er neben Dir.

3 Als Mann musst Du mehr im beruflichen Umfeld nach einem Deppen suchen. Häufig ist er Dir übergeordnet.

4 Deppinnen sind grundsätzlich schwerer zu finden. Nicht, weil Frauen im Durchschnitt klüger sind, sondern weil wir immer noch glauben, nur Männer sind Deppen. Das muss aufhören!

5 Die Nerven, die einem ein Depp im Lauf der Zeit kostet, sind es wert verloren zu werden.

6 Bevor Du deppenbedingt die Nerven zu verlieren drohst, erinnere Dich daran, wie klug er Dich erscheinen lässt.

7 Überprüfe durch den folgenden Intelligenztest, ob Du für diese Strategie überhaupt in Frage kommst:
Wer weiterliest, ist doof!
(Macht nichts, es muss auch Menschen geben, durch die andere klüger wirken.)

Das unglücklich ausgegangene Glücksexperiment

Prof. Cäsar Cezilius war sechs Monate lang beglückt, die junge Doktorandin Siglind Leid an seiner Seite zu wissen. Auch bei der Arbeit. Ihr naiver Glaube, nur die besten Wissenschaftler erhielten Fördermittel, ihre Ahnungslosigkeit in Sachen Steaks und deren Zubereitung, ihr grenzenloses Vertrauen in die Segnungen der modernen Technik gaben ihm, dem reifen, feinschmeckenden, traditionsbewussten Gentleman, ein wohliges Gefühl der Überlegenheit.
Auch Siglind Leid war sechs Monate lang durch Prof. Cäsar Cezilius beglückt. Sein hoffnungsloser Zynismus, sein naives Festhalten an fleischlicher Ernährung und sein tägliches Scheitern im Umgang mit dem Smartphone gaben ihr, der gesund- und umweltbewussten, modernen jungen Frau ein wohliges Gefühl der Überlegenheit.
Im verflixten siebten Monat stellten beide fest, was für Deppen sie doch gewesen waren.

WALT DISNEY
VERRÄTERISCHER APFELSAFT
Hallo, Goofy! Wie geht das Geschäft? Sind die Gäste zufrieden?
Kann man wohl sagen!
I/T 822 C
Bis auf den Siphon läuft alles wie geschmiert!
Warum nimmst du keinen anderen?
Weil er nicht kaputt ist! Ich muss ihn nur manchmal etwas „zurückpfeifen"!
Kapier ich nicht!

Ich zeig's dir! Willst du was trinken?
Gern! Meine Kehle ist ganz staubig!
Vorsicht! Jetzt verlängere ich ich den Saft mit etwas Soda!
He!
SPRITZ!
Siehst du? Das blöde Sofa will einfach nicht im Glas bleiben!
Allerdings!
Ich muss mich schon sehr wundern...
Worüber? Über das Benehmen meines Siphons?
Nein, darüber, dass deine Gäste angeblich zufrieden sind!
Warum nicht?

Entschuldige, ich werde am Telefon verlangt!
RRRRING!
Ja, hier Soda-Bar! Sechs Milchkaffee und sechs Krapfen! Wird sofort geliefert!
Das war der Direktor von der Bank gegenüber! Um diese Zeit bestellt er immer das Frühstück für sich und seine Mitarbeiter!
Oh, ich Trottel! Heute hat der Kellner ja seinen freien Tag! Was mach ich jetzt?
Bring du's halt rüber!
Ich kann dich ja hinter der Theke vertreten!
Du bist ein echter Freund, Micky!
SODA-BAR
Wenn jemand Soda verlangen sollte, dann...
...sag ich, er soll warten, bis du wiederkommst!

Im selben Augenblick fährt an der Bank gegenüber ein Wagen vor...
Ruhig Blut, Leute! Du wartest hier auf uns! Lass den Motor laufen!
Okay, Boss!
WECHSEL-BANK

Das ist ein Überfall! Hände hoch und keinen Mucks!
Oh! Das ist ja schreck-lich!
Du meine Güte!

Wird's bald, du Schlafmütze! Stopf alles in den Sack da rein!
Los! Oder soll ich dir Beine machen?
Das ist alles! Sonst ist nichts mehr im Safe!
Gut! Gut!
So! Wir hauen ab!
Passen Sie doch auf!
WECHSEL-BANK

Caramba!
SCHEPPER!
BRIEFE
Das kommt euch teuer zu stehen: sechs Tassen, sechs Unterteller, sechs Kaffee und sechs Krapfen!
Hau bloß ab, du Quatschkopf!
Autsch!
BOING!
Volldampf, ihr Penner! Feuert, was das Zeug hält! Na, macht schon!
WRUMM!
PENG! PENG! PENG! PENG!

Micky hört die Knallerei und stürzt aus Goofys Bar...
Was ist hier los?
PENG! PENG!
Oje! Die scheinen es ernst zu meinen!
ZING!
ZING!
113
Hol sie ein, Micky! Fang sie!
113
Und denk dran: Diese Rüpel schulden mir noch sechs Tassen mit Untertassen, sechs Krapfen und sechs Milchkaffees!
113

Caramba! Wir werden verfolgt!
Dass es doch immer wieder Idioten gibt, die Kopf und Kragen riskieren!
Das werd ich diesem übereifrigen braven Bürger schon abgewöhnen!
ZXP-1211
PENG!
So ein Mist! Er hat den Reifen getroffen!
PENG!
ZING!
PLATZ!

Ich könnte vor lauter Wut aus der Haut fahren! Jetzt ist nicht nur der Reifen, sondern der ganze Wagen hin!
113
RUMS!
Nach einiger Zeit in Goofys Bar...
Kaum warst du weg, da kam auch schon die Polizei! Kommissar Hunter hat alle verhört! Mich auch! Und wegen des kaputten Geschirrs hat er mir empfohlen, Anzeige zu erstatten!
Der ist gut! Gegen wen denn?
Gegen den, der mir den Hau auf die Nase gegeben hat! Ich kenn ihn ja!
Hat man ihn denn schon verhaften können?
Noch nicht, weil man ja nicht weiß, wer er ist und wo er wohnt!
Du machst mich wahnsinnig, Goofy!
SODA-BAR

Erst sagst du, du kennst den Kerl, und dann sagst du, du weißt nicht, wer er ist!
Ist doch logisch! Als der Typ mit mir zusammengestoßen ist, hat er „Caramba" gerufen!
Na und? „Caramba" ist ein spanischer Ausruf und bedeutet so viel wie „Donnerwetter" oder „Teufel noch mal"!
Wenn einer „Caramba" sagt, wird er doch noch lange nicht vor Gericht gestellt!
Wart! Ich bin ja noch nicht fertig!
Vor einer Woche hat bei mir ein Gast einen Apfelsaft mit Soda bestellt. Und der hat genauso ausgesehen und geredet.
Und weiter?
Als der Siphon wieder mal verrückt spielte, hat der Kerl einen Satz rückwärts gemacht und dabei „Caramba" geschrien!
Junge, Junge!
Siehst du? Du hast eben „Junge, Junge" und nicht „Caramba" gesagt! Das ist was Besonderes!
Du hast völlig recht!

Der betreffende Gast ist jeden Tag wiedergekommen! Er hat seinen Apfelsaft genommen, sich an die Tür gestellt und die Leute beobachtet!
Das glaubst auch nur du! Ich bin sicher, der hat den besten Weg ausgekundschaftet, um die Bank zu überfallen!
Meinst du?
Mein Apfelsaft hat ihm jedenfalls irre geschmeckt! Er wollte sogar ein Fass davon kaufen!
Hat er dich nach der Adresse deines Lieferanten gefragt?
Ja! Ich hab sie ihm gegeben!
Anton Appel, Fruchtsäfte und Mosterei, Birnengasse 7. Hier!

Prima! Was Besseres hätte uns gar nicht passieren können!
Und ob!
Tschüs! Bis bald!
?
SAUS!
Fünf Minuten später...
FRUCHTSÄFTE & MOSTEREI
Ah, da ist es ja schon!
113
Einen schönen guten Tag! Dürfte ich Sie wohl um eine Auskunft bitten?
Aber gern, mein Herr!

Ein Herr, mit dem ich in der Bar an der Theke saß, hat mir erzählt, er hätte bei Ihnen ein ganzes Fass Apfelsaft bestellt!
Das stimmt! Ich erinnere mich!
Er hat mich angerufen. Und ich hab ihm ein Fass frei Haus geliefert, nach Bonzenbach!
Ach ja, das ist der Ort, wo die Reichen ihre Villen haben!
Er hat mich eingeladen, das Wochenende in seinem Haus zu verbringen!
Oh, das ist aber nett von ihm.
Er sagte, es gäbe ein kaltes Büffet und als Krönung Ihren Apfelsaft!
Wunderbar! Wollen Sie mal kosten?
Gluck, gluck...
Köstlich, nicht wahr? Fast besser als frische Äpfel?
Delikat! Äußerst delikat!
Nicht wahr?

Die Sache hat nur einen Haken: Ich habe seine Adresse verloren!
Das macht nichts! Die kann ich Ihnen geben!
Schon gefunden! Die Adresse ist: Villa Charlotta, Lilienweg 3.
Vielen Dank!
Viel Spaß, der Herr! Mein Apfelsaft wird Ihnen bestimmt munden. Vielleicht bestellen Sie bald auch einen Hektoliter!
Einen Hektoliter?
Gewiss, der Herr! Genau wie Ihr Freund! Und ich bin sicher, dass Ihnen das nicht lange reichen wird!
Auf Wiedersehen, der Herr! Beehren Sie mich bald wieder!
Auf Wiedersehen, Herr Appel!
ANTON APPEL
FRUCHTSÄFTE & MOSTEREI
113

Teil eins des Plans wäre somit erfolgreich abgeschlossen!
113
Ich hoffe nur, Goofy hatte mit seiner Vermutung recht, und der Kerl gehört wirklich zu den Gaunern!
Bevor ich Kommissar Hunter verständige, will ich mich hier erst mal genauer umsehn!
Es könnte ja sein, dass es noch mehr Menschen gibt, denen Apfelsaft schmeckt und die „Caramba" sagen!
113
Nach einer halben Stunde ist Micky in dem luxuriösen Vorort angekommen...
Den Wagen lass ich am besten hier stehn! Wenn ich richtig informiert bin, müsste das da vorn die Villa Charlotta sein!

Auf dem Grundstück hätten zehn Bungalows Platz!
Das Portal ist natürlich fest verriegelt!
Ein paar Trimmübungen können nichts schaden! Allez...
...Hopp!
Zum Glück haben sie keinen Wachhund!

Da steht ein Fass an der Treppe! Das ist sicher das von der Mosterei Appel.
APFEL-SAFT
Tatsächlich!
APFEL-SAFT
Es kommt jemand! Ich muss mich ver-stecken!
APFEL SAFT
Freust du dich, mein Täubchen? Der Coup in der Bank hat uns eine halbe Million eingebracht! Du brauchst beim Einkaufen also nicht mehr jeden Taler umzudrehen!
Worauf du dich verlassen kannst!
Kater Karlo und Trudi!

Wir haben solche Mengen Apfelsaft, dass du gar nicht genug zum Mampfen anschleppen kannst! Harhar!
Caramba! Gut gesagt, Carlos!
Der Kerl da neben Kater Karlo hat eben „Caramba" gesagt! Kein Zweifel! Das ist das Nest der Bankräuber!
Los, José, rein mit dem Fass! Du hast mir schon so viel von dem Zeug erzählt, dass ich mir gleich was davon einverleiben muss!
Halt! Warte!
José Bomba, genannt „Löwe von Mexiko", wird dir eine Probe seiner Kraft geben!
Unos... dos...

...tres!
Micky Maus?!
Jetzt gibt's nur eins! Ran an den Mann, bevor's zu spät ist!
Uff!
Auaaaa!
Puuuuh!
APFEL-SAFT
ZACK!
BOING!

Puh! Das war Massel! Kater Karlo ist außer Gefecht, und dem „Löwen von Mexiko" geht's auch nicht besser!
He, was ist denn da draußen los? Kleine Rauferei, was?
Die Stimme kenn ich doch!
Natürlich! Baller-Ede, der Kumpan von Kater Karlo! Der fehlende dritte Mann!
Nanu? José Bomba und der alte Karlo liegen flach?! Was ist denn hier los gewesen? Komisch! Niemand zu sehn!

Hier stimmt was nicht!
Jetzt muss ich ihn überrumpeln, bevor er mich entdeckt!
He! Wo kommt denn das Fass plötzlich her? Ich glaub, ich spinn!
PENG! PENG! PENG!
Hilfe!
RUMS!

Hihi! Der wäre auch versorgt! Na, wenigstens verdurstet er nicht! Nur schade um den schönen Saft!
Ah! Hier ist ja das Telefon!
Hallo, hier Micky Maus! Sind Sie's, Herr Kommissar?
Wie bitte...? Sie sind bei den Bankräubern...? Ich versteh nicht... Ach so! Natürlich! Wir kommen sofort!
?
Es wäre nett, wenn Sie mich nicht allzu lange warten ließen! Ich bin hier in der Villa Charlotta in Bonzenbach!

Anscheinend hab ich die Gauner beim Aufteilen der Beute gestört!
Ich nehm am besten alles an mich! Und dann versteck ich mich, bis die Polizei kommt!
Na, du Schnüffler!
Zu spät! Der „Löwe von Mexiko"!
Da bist du platt, was?
Och, nicht besonders!
Für den Rest deiner Tage kannst du dich brüsten, dass du den großen José Bomba mit deiner Birne ins Reich der Träume geschickt hast!
Nun... äh...
Caramba! Die ist wirklich hart!
Autsch!

Mein teurer Freund Carlos wäre überglücklich, jetzt an meiner Stelle zu sein! Leider ist er noch... äh... verhindert!
Um so besser!
Auch Freund Baller-Ede schlummert noch! Der Ärmste!
Das hat er mir zu verdanken!
Ich muss unbedingt Zeit herausschinden! Am besten, ich spiel ihm eine kleine Komödie vor!
Findest du nicht auch, du „Löwe von Mexiko", wir sollten die... äh... Unpässlichkeit deiner Freunde ausnutzen und die Beute unter uns aufteilen?
Caramba! Ein guter Vorschlag!

Aber ich hab einen besseren!
He! Lass mich los, José!
Die Beute teil ich mit mir allein auf! Scher dich zu den anderen!
Und das nennt der einen „besseren" Vorschlag!
RUMS!
Jetzt haut José mit der Beute ab, und ich kann ihn nicht mal daran hindern!

Glück im Unglück! Da kommt Trudi vom Einkaufen!
Hallo, Ede! Was machst du denn da auf dem Boden?
Und wie kommt das Loch ins Fass?
Ach du Schreck! Karli! Karlchen! Was ist mit dir?
Wach auf, Karlischatz! Wer hat dich denn so zugerichtet?
Grmpf!

José! Was hat du mit dem Koffer vor?
Caramba!
Jetzt geht mir ein Licht auf! Du willst mit dem Kies abhauen!
Erraten, du Intelligenzbestie!
Karlo! Hilf mir! Der haut mit unseren Piepen ab!
Bin schon da, mein Täubchen!
KLATSCH!
PATSCH!
KNUFF!
BOING!
Die Polizeisirene! Na endlich!
TATÜ TATAAAAA!

Aufhören! Alles Hände hoch! Dalli, dalli!
Was? Der Winzling war gar kein Gangster, sondern ein Detektiv?
Kopf hoch, Karlchen! Ich besuch dich auch jeden Sonntag im Knast und bring dir dicke Zigarren mit!
Buhuuuuu!
Was sagen Sie dazu? Der hat so viel Apfelsaft abgekriegt, dass er bestimmt sofort überläuft, wenn er den Mund aufmacht!
Rülps!

Das war eine wahre Glanzleistung, Herr Maus! Seit dem Banküberfall sind nicht mal sieben Stunden vergangen!
Sie sind schneller als der Blitz!
Das ist allein Goofys Verdienst! Das war nämlich so... bla... bla...
Am folgenden Tag in Goofys Bar...
Die Bank hat mir eine Belohnung von 5000 Talern gegeben. Die Hälfte davon gehört dir, Goofy!
Prima! Dann hab ich wenigstens eine Entschädigung für mein zerbrochenes Geschirr!
Micky, du bist der Größte! Darf ich dir was anbieten?
Ja, gern!
Nimmst du Soda dazu?
Nein, danke! Ich trink's lieber pur!
ENDE

Strategie 6: Toben proben

Grbblblblblbblblblblblb oder auch #@**&**@# ist nicht etwa ein Tastaturdefekt, sondern jene Lautäußerung … Aber beginnen wir ganz von vorn.

Grbblblblblbblblblblblb oder auch #@**&**@# ist nicht etwa ein Tastaturdefekt, sondern jene Lautäußerung… Aber beginnen wir ganz von vorn.

Grbblblblblbblblblblblb oder auch #@**&**@# ist nicht etwa ein Tastaturdefekt, sondern jene Lautäußerung… Aber beginnen wir ganz von vorn.

Grbblblblblbblblblblblb oder auch #@**&**@# ist nicht etwa …

Na, brodeln die Säfte? Pumpert das Herz? Schwillt die Schlagader?

Kennst Du diese Gemütsbewegung vom Autofahren, Eltern- oder Heiligabend? Kam eben gar ein Laut des Ärgers über Deine Lippen? Stob ein Strom warmer Luft aus den Löchern Deiner bebenden Nase?

Oder hattest Du Dich im Griff? Gebotest Du Deinem aufsteigenden Ärger Einhalt? Schlucktest Du ihn hinunter?

Und bist Du darauf etwa stolz?

Das wäre das Allerfalscheste überhaupt.

Himmeldonnerwetter nochmal! Du brauchst dringend diese verdammte Strategie. KLAR?!

Dein Vorbild: Donald Duck

Was bei dieser Strategie eingangs darzustellen versucht wurde, betraf die typische Lautäußerung des bekanntesten Enterichs der Welt, die ihm, nachdem eine Laus über seine Leber oder ein Backenhörnchen übers neue Blumenbeet lief, aus dem Schnabel entwich: in Geräusch gepresste Wut, nicht zu verschriftlichen und doch jedem verständlich.

Donald mag einzigartig sein – Nachahmer finden sich trotzdem.

Kein einfaches Geräusch. Clarence Nash erzeugte es 51 Jahre lang für Donalds Kinokurzfilme, bereits im ersten *The Wise Little Hen* von 1934 und später für die TV-Projekte.

In Deutschland ist dafür seit 1988 der in Bayern geborene und seit langem in Berlin lebende Peter Krause zuständig.

Und dieses Geräusch soll nun Deine Strategie sein?

Pustekuchen. Es geht um den Sinn dahinter. Donald ergeht sich ja nicht in Quakexplosionen zum Zeitvertreib, sondern zum Ärgervertreib. Da setzen wir an.

Wer seinen Unmut unterdrückt, schüttet ständig Stresshormone und Neurotransmitter aus, die nicht sofort abgebaut

der Schweizer Psychotherapeutin Prof. Dr. Verena Kast, Präsidentin des C.G.-Jung-Instituts Zürich. Diese sagt, und

werden. Die fatale Folge beschreibt Hirnforscher Prof. Dr. Hans Markowitsch von der Universität Bielefeld eindringlich, wenn auch leicht unverständlich: Es herrsche dann „eine anhaltende Aktivität im limbischen System im Gehirn, speziell in der Amygdala, wo es die meisten Rezeptoren für Stresshormone gibt. Dies kann wiederum zu chronischen Veränderungen auf Hirn- und Verhaltensebenen führen".[12] Im ärgsten Fall unterdrückten Ärgers zu Depressionen!

Ärger muss also raus! Lass alles raus! Brüll es heraus! Oder wenn Dir das zu laut ist, rudere wenigstens wild mit den Armen in der Luft, spring' in selbige und mach dabei stimmlos „Haaah!" und „Hoooh!". Das hilft auch schon, wie Dr. Siglind Leid mit ihrer Proseminarsarbeit „Hoohoohoo – Wut beim Weihnachtsmann" bewies.

Seit Jahren steht Siglind übrigens in monatlichem unilateralen Briefkontakt (d. h. sie schreibt immer hin, aber es kommt keine Antwort) mit

jetzt kommt's, „Grundsätzlich ist Ärger ein gesundes Gefühl ... Ärger lässt sich gut nutzen, um zu erkennen, was falsch läuft. Man spürt Energien, um etwas zu verändern."[13] Möglichkeiten der Veränderung – zumindest gedanklich – beschrieb ja Strategie 4.

Hier geht es nun um die Möglichkeit, ja um das Gebot, mit Donald als Vorbild Druck abzulassen.

Das kann nicht jeder sofort. Besonders nicht ohne Auslöser. Die nennt man in der Fachsprache Trigger. Jeder hat jedoch ein Arsenal an Anlässen, die ihn aufregen. Ärger-Runterschlucker sollten sich diesen bewusst aussetzen, bis der Bauch voll ist. Dann passiert der Rest von allein. Und auch für weniger Gehemmte gilt: täglich Toben proben!

---

[12] Vgl. Rytina, Susanne: Der Ärger muss raus – aber richtig. In: Spiegel online, 02.12.2014.
[13] Ebd.

7 praktische Praxistipps:

1 Übe, grbblblblblblblblblblblblblbl zu machen. (Donalds Wutgeschnatter lässt sich schriftlich wirklich schwer darstellen – aber dafür haben wir ja die Bilder.)

2 Übe, mit den Armen wütend in der Luft zu rudern.

3 Springe so oft in die Luft, bis es Dir gelingt, dort zu bleiben.

4 Kombiniere die Punkte 1 bis 3.

5 Finde Deinen persönlichen Aufreger als Trainings-Trigger (siehe auch Punkt 7).

6 Halte Dich durch allerlei Leibesübungen fit. Toben braucht gute Konstitu- und Kondition.

7 Meine Güte, ist Deine Nase hässlich. (Los geht's!)

Das unglücklich ausgegangene Glücksexperiment

Zu Beginn ihres zweiten Semesters an der Entenhausener Emil-Erpel-Universität wurde Siglind zur Regisseurin des Samuel-Beckentt-Stückes „Glückliche Sonntage" gewählt, was im Wesentlichen daran lag, dass das Stück nur zwei Rollen hatte, man aber zu dritt war und Siglind nicht schnell genug.
Siglind erschien pünktlich am frühen Morgen des nächsten Sonntags, also gegen 12, auf der Probebühne. Bereits um 14 Uhr 30 waren alle da und warfen sich eine halbe Stunde lang Unprofessionalität vor. Kurz nach 15 Uhr erschien der Regisseur der Studentengruppe, die die Probenbühne ab 14 Uhr gemietet hatte. Der darauffolgende unschöne Streit machte Siglind bewusst: Man muss auch Proben proben.

DER UNGLAUBLICHE DULK

Walt Disney

Deine Launen waren ja schon imer schrecklich. Aber in letzter Zeit gehst du wirklich entschieden zu weit!
Na und? Wenn sich die Wut in mir aufstaut, muss sie eben raus! Ich bin halt geradeheraus.
Ach, so nennst du das? Ich sage, du benimmst dich wie ein Gorilla!
Sag das nicht! Du weißt, dass mich das auf die Palme bringt!
Was kann ich dafür, dass die Welt voller Dinge ist, über die man sich aufregen muss? Etwa der Fluglärm!
HUP! HUUP! MÖÖÖP!
Oder diese ständig roten Anti-Ampeln! Die verursachen doch erst das Verkehrs-chaos in Enten-hausen!
Oder dieser gewissenlose Gassigänger, dessen Töle öffentliches Grün besudelt!
Haben Sie ein Problem, Sie halbes Hand-tuch?
Wollen Sie's im Detail, Mann?
Donald! Zügle dich! Es geht wieder mit dir durch!
Bald wird absolut niemand mehr mit dir Hitzkopf Kontakt haben wollen. Los, wir gehen heim!
Meinetwegen! Daheim schäumt sich's genauso gut wie sonst wo!

Gesagt, getan...
Endlich Ruhe! Jetzt genieße ich meine Lieblings...
Oha! Die Flimmerkiste flimmert aber mehr als ungesund!
KLICK!
Aaargh! Funktionier gefälligst, du kümmerlicher Kummerkasten! Ich sag's nur einmal!
Beruhig dich! Das Gerät ist okay. Ich bin nur eben über den Stecker gestolpert.
Auch andere Leute aus Donalds Umgebung wissen ein trauriges Lied über seine Wutanfälle zu singen...
Nett, dass du mir beim Verkauf dieser alten Aktien zur Hand gehst, Neffe!
Sie Widerling! Der Geldschein ist ja total zerknittert!
Ich verbitte mir diesen Ton! Geld ist Geld!
Man ist mit seinem Latein am Ende...
Wir können nicht mehr. Onkel Donald tobt den ganzen Tag!
Wenn er weiterhin wegen jeder Kleinigkeit einen Koller bekommt, hat er bald keinen einzigen Freund mehr.
Einschließlich uns!
Der Junge braucht professionelle Hilfe. Und ich weiß dafür genau den richtigen Mann!

Donner-Donald muss zu seinem Glück gezwungen werden...
Hey! Was soll das? Wo bringt ihr mich hin?
Zu Doktor Jens Spinner! Er ist ein bekannter Verhaltens-therapeut.
ZENTRUM FÜR STRESS-THERAPIE
Später...
Meine Untersuchung ist abgeschlossen!
Gut für Sie! Denn wenn Sie mir noch einmal mit Ihrem eiskalten Ste-thoskop kommen, fressen Sie's!
Herr Duck ist in der Tat ein diffiziler Kasus. Aber es gibt Hoffnung! Ich hätte da eine neu entwickelte Therapie.
Sie ist jedoch noch im experimentellen Stadium. Die Frage ist: Wollen Sie, Herr Duck?
Ja, er will!
Nun gut! Dieses spezielle Elixier wurde Gammastrahlen ausgesetzt. Es wird Ihren Metabolismus verändern.
Sie werden fortan bei jedem Wutanfall grün im Gesicht. Gegen die zugehörige Übelkeit wird jeder Zorn zweit-rangig sein.
Mmm! Schmeckt nach Pfeffer-minz!
Nun gehen Sie Ihrer Wege! Und lernen Sie tunlichst, sich zu beherrschen!
So ein Hokuspokus!

War die Behandlung erfolgreich? Der nächste Spaziergang unseres Helden wird es erweisen...
Ich glaub ja gern, dass dieser Quacksalber es gut mit mir meint. Aber ob ein Gläschen Kräutersaft gleich mein Wesen verändert?
Grmpf! Schon wieder einer von diesen nervigen Brummern! Der macht mich genauso sauer wie immer!
BRÖÖÖMM!
Und diese Lawine von lärmenden Blechkisten trägt auch nicht gerade zu meinem Seelenfrieden bei!
MÖÖÖP! HUUUP!
Hm! Komisch! Mir ist irgendwie schwindelig! Und mein Magen fährt auch Achterbahn!
Schau an! Wer eiert denn da daher?
Wenn das nicht dieser aufgeblasene Hundehasser ist!
Na prima! Diese behütete Intelligenzbestie und ihr Biest haben mir jetzt gerade noch gefehlt!
Na los, unternehmen Sie doch was, Saubermännchen!
Gulp! Mich deucht, mein Innerstes stülpt sich nach außen! Ich fühl mich wie ein seekranker Segler!
Die Therapie schlägt also an. Noch nie im Leben hab ich mich so elend gefühlt!
Ja, zischen Sie ab, Leichtmatrose!
Schlechte Nachrichten! Der Fernseher ist kaputt. Und diesmal wirklich!
Mir egal! Ich reg mich über nichts mehr auf.

Am nächsten Tag, bei der Kontroll-untersuchung...
Herr Doktor, ein Wutanfall ist es einfach nicht wert, sich derart mies zu fühlen.
Ha! Das Experiment ist ein voller Erfolg! Sie treten nun hinaus in die Welt als beherrschtes Mitglied der Zivilisation.
Bleibt mir nur noch, Ihnen gelassen die Rechnung für meine Dienste zu präsentieren.
Was? Das ist doch wohl nicht Ihr Ernst?
Schnaub! Üble Übelkeit überkommt mich! Aber die Wut... ist... viel... stärker!
Auweia! Er ist durchge-knallter als je zuvor!
Scheint, als ließe sein brodeln-der Organismus die Molekular-struktur des Serums mutieren. Der Effekt ist neu!
Ja, und Onkel Donald mutiert dabei gleich mit!
Gruaaaaargh!
I-ich trau meinen Augen kaum! Er wächst!
RRRITSCH!

Graaaahurg! Duck... fühlt... sich... ulkig... Duuulk...
O Donald! Du Ärmster!
Ihr Serum ist nicht besonders gesund, Doktor!
KRÄSCH!
Dulk bööööse!
Auweia! Sieht aus, als wollte er hier raus!
Da stampft er hin! Losgelassen auf ein nichts ahnendes Entenhausen!
Brüder, das gibt Ärger. Riesenärger!
Wie schrecklich! Was sollen wir denn jetzt machen?
Da bin ich leider auch überfragt.

Iiiiek! Ein Monster!
Wie King Kong! Nur grün und weniger haarig. Weg hier!
TRÜMMER!
Menschlinge Angst vor Dulk! Machen Dulk böööse!
Ampelblink mach Autohup! Dulk hasst Hupen! Lärm bööööse! Dulk macht still!
Grrr! Bööööse Autos! Lärmen einfach weiter! Hupenlärm macht Dulk bööööööse!
MÖP! MÖÖP! MÖÖÖP!
Dulk... sagt... Ruhe!
BA-DOMM! BOMM!

BRIÖÖÖÖR!
Mückenflieger röhrt in Dulks Ohren! Flieger bööööööse!
Flieger macht Dulk määächtig bööööőse!
Dulk klatscht Mückenflieger!
SWUSCH!
KRACH!
Bööööse Stadt! Bööööse Leute! Kaaaa-puttt! Dulk bööööőse! Schnuorch!

Falls Herrn Ducks neuer Körperbau so viel Energie verbraucht, wie ich annehme, verflüchtigt sich das Serum bald. Ergo: wenn sein Zorn verraucht, wird er wieder er selbst.
Aber wie genau sollen wir ihn denn beruhigen, Doktor?
Da hätte ich einen Vorschlag!
Nanüchen? Der grünliche Klotz kommt mir doch bekannt vor!
Hund bööööse! Dulk hasst hässliches Herrchen!
Du nennst mich hässlich, Missgeburt? Jetzt reicht's! Fass, Brutus!
Knurrrr!
ROOOAAAAAR!
N-nichts für ungut! Wir waren sowieso gerade auf dem Heimweg, nicht wahr, Brutilein?
Wiff!
Fieps!
Winsel!
Oh-oh! Onkelalarm! Ich glaub, jetzt hat er Sie im Visier, Herr Doktor!
Da fällt mir ein – ich muss dringend ins Labor.
Von wegen! Sie haben das angerichtet! Stellen Sie sich!
Und denken Sie daran, was wir Ihnen gesagt haben!

He! Dulk kennt dich! Du hast Dulk gemacht! Du bööööööse!
Bitte, bitte, tun Sie mir nichts!
Hier! Meine Rechnung! Sie erinnern sich? Die hat Sie doch erst so in Zorn versetzt!
Ich zerreiße sie, sehen Sie? Böse Rechnung!
Hä?
Gibb...
Aha! Wenigstens das Gegenmittel hat funktioniert! Er scheint sich langsam abzuregen.
Schau! Er schrumpft wieder auf Normalgröße zurück!
Was... geht hier... vor?
Mir ist irgendwie neblig in der Birne. Wa-was hat denn hier gewütet?
Du, Donald!
Ich soll all die Schäden verursacht haben? Grundgütiger! Ich gelobe, von heute an lammfromm zorngezähmt meiner Wege zu watscheln!

Am nächsten Tag haben auch der Bürgermeister und seine Stadträte den Schock überwunden...
Herr Duck! Das hier ist die Rechnung für die verheerenden Verwüstungen in der Stadt.
Weia! Das kann ich niemals bezahlen. Und nicht mal aufregen darf ich mich! Ich hab's versprochen.
Gestern hast du diese Leute noch ohne große Worte zum Zittern gebracht.
Ja, aber das Serum wirkt jetzt nicht mehr. Ich bin wieder nur ich.
Ja, das wissen wir! Aber deine Gläubiger wissen das nicht, oder?
Hmmm!
In der Tat...
Grrr! Gieriges Gesindel! Duck bööööse!
Vergessen Sie die Rechnung einfach, ja? Konfetti guuuuut, okay?
Tja er hat zwar versprochen, ruhig zu bleiben, aber den Irren spielt er immer noch wahnsinnig gut.
ENDE

Walt Disney

WUT TUT GUT

Grumpf! Erst ist die Zeitung durchweicht! Dann der Ausguss verstopft! Jetzt zwingen mich die Nachbarn...
...per Gerichtsbeschluss zur Gartenpflege. Welches Unglück erwartet mich wohl noch?
D 2003-328
Donald! Dieses Buch hier wird auch dir helfen.
Dussel!
Zisch ab! Das hilft mir am meisten.
Es ist von dem bekannten Ärgerexperten Hans Dampf. Liest sich, als wär's für dich geschrieben!
WATZ!
Ich lese kein Buch, das dir gefallen hat, ist das klar?
So klar wie Fensterglas. Es geht da um Stressbewältigung!
Stress hab ich genug.

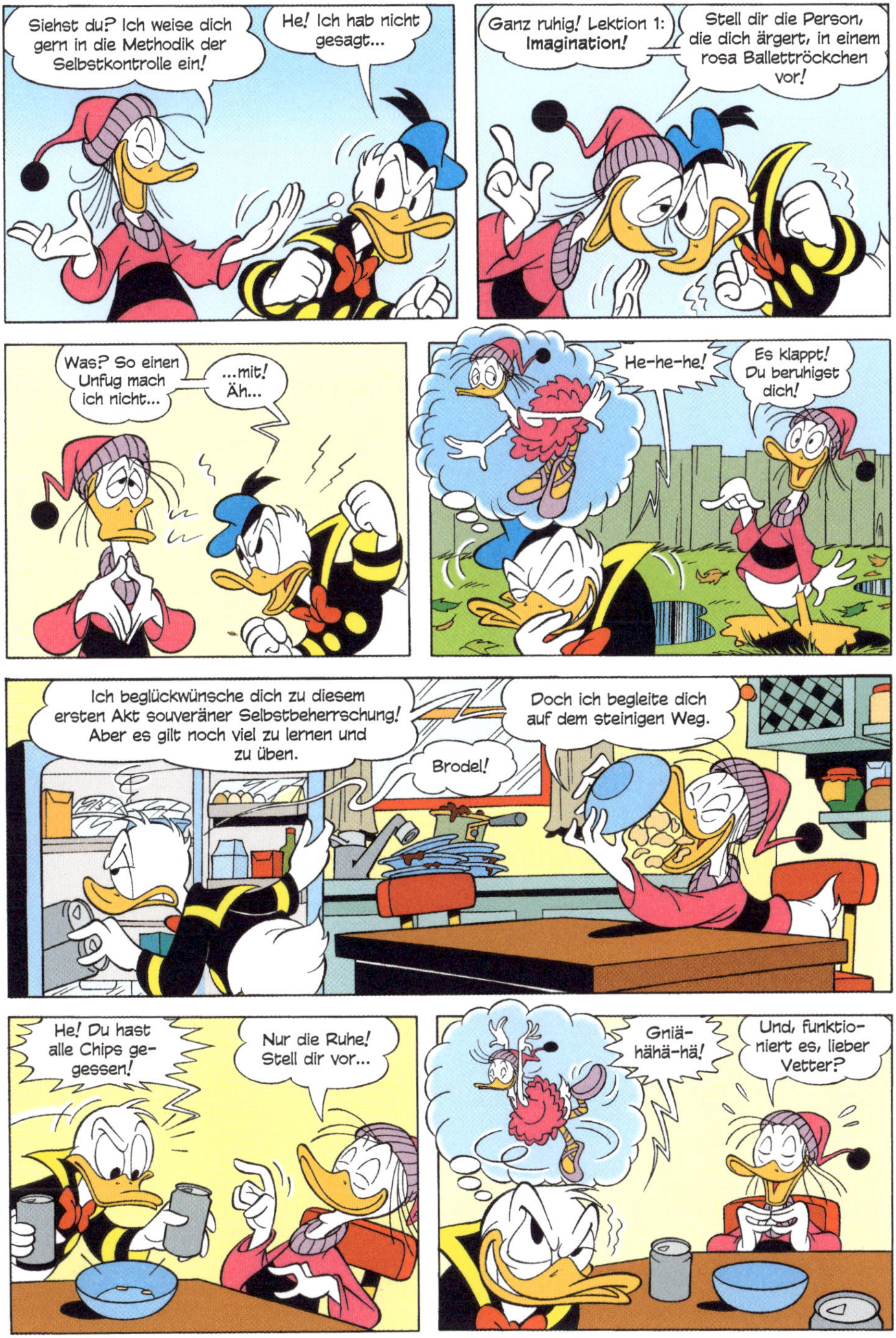
Siehst du? Ich weise dich gern in die Methodik der Selbstkontrolle ein!
He! Ich hab nicht gesagt...
Ganz ruhig! Lektion 1: **Imagination!**
Stell dir die Person, die dich ärgert, in einem rosa Ballettröckchen vor!
Was? So einen Unfug mach ich nicht...
...mit! Äh...
He-he-he!
Es klappt! Du beruhigst dich!
Ich beglückwünsche dich zu diesem ersten Akt souveräner Selbstbeherrschung! Aber es gilt noch viel zu lernen und zu üben.
Doch ich begleite dich auf dem steinigen Weg.
Brodel!
He! Du hast alle Chips gegessen!
Nur die Ruhe! Stell dir vor...
Gniä-hähä-hä!
Und, funktioniert es, lieber Vetter?

Nein!
BAMM!
Okay, versuchen wir was anderes.
Zähl das Geschirr da, Donald!
Grrrrr! Eins, zwo, drei...
...vier... hm, tatsächlich wird mir merklich milder zumute.
Könntest du dann zu würgen aufhören?
Später...
Ich kenn ja viele heiße Bücher, aber dieser Dampf hat Druck auf dem Kessel. Ein echter Experte!
Ich bin auch total begeistert.
Und wenn du mich weiter Richtung Rinnstein drängst, mach ich dir Druck!
SPLOOOSCH!

Gleich platzt mir der Matrosenkragen...
Versuch es mit Methode 1!
Grrr!
Schnaub! Schnorch!
Klappt's nicht? Zähl die Eier hier im Nest!
SKRACKS!
SPLURTSCH!
So, Spezi, jetzt schlägt's ein!
Also gut! Dritte Methode zur Selbstkontrolle: tief und laaaangsam einatmen!
Eiiiinaaaatmen... noch tiiiiefer...
...bis dir die Luft ausgeht und der Zorn verraucht!

Und jetzt atmen wir genaaaausooo laaangsam aus!
Pfiiiuuuuu!
Ha! Geschafft! Du bist wieder völlig ruhig!
Na ja, geschafft trifft es besser.
Super gemacht! Du bist jetzt bereit für den Abschlusstest deiner Selbstkontrolle. Komm, da lang!
Gehen wir etwa zum Baumarkt?
Genau! Die machen nämlich gerade Räumungsverkauf.
Deine Aufgabe: Hol dir fünf Dosen Deckenfarbe, ohne im Gewühl die Nerven zu verlieren!
BAU BEULE
Und los geht's!
Urgl!
Groaaar!
Fauch!
Geifer!
Unngh!

Nach der Schlacht…
Erstklassig, Donald! Du hast den Abschlusstest glorreich bestanden.
Du hast dein Temperament jetzt voll unter Kontrolle, Vetterherz!
Ups! Ein kleiner Rückfall? Los, Methode 1!
Schäum!
Lieber zählen?
Ein Tritt… zwei Tritte… drei…
Einatmen?
Scha-nauuub!
Die folgende Szene ist für Leser unter 18 nicht geeignet…
So, jetzt reche ich den Garten fertig. Die Übung hat mich echt entspannt!
Siehst du, Donald? Genau wie im Kapitel „Stressabbau durch körperliche Betätigung" beschrieben! Du bist der lebende Beweis für Hans Dampfs Thesen! Bli-bla-blubber!
Aaaaaaaargh!
ENDE

Strategie 7: Luftmassen ranlassen

Wie viel leichter wäre es gewesen, ein Buch über Unglück zu schreiben. Unglück lässt sich klar definieren: Unfall, Armut, Krankheit, Einsamkeit. Oder anders gesagt: Mangel an Unversehrtheit, Geld, Gesundheit und lieben Menschen. Und die meisten glauben, ein Unglück sei auch der Mangel an einem Dach über dem Kopf.

Ja, es steht sogar in unserem Grundgesetz, dass niemand an diesem Mangel leiden solle. In Entenhausen sieht das ein wenig anders aus.

Noch wichtiger als ein Dach über dem Kopf – und das muss gar nicht erst irgendeine Verfassung festlegen – ist die Notwendigkeit zu atmen. Bestenfalls saubere Luft, um die derzeit hart gekämpft wird. Aber selbst, wenn sie dreckig ist, wir brauchen sie so dringend wie … die Luft zum Atmen.

In Entenhausen nun scheint eine bemerkenswerte Verbindung zu bestehen zwischen Dächern, Luft – und Lebensglück aller Entenhausener.

Dein Vorbild: Entenhausen

Donald Ducks 313, Mickys 113, Dagoberts Landaulet-Limousinen, Goofys Klapperkiste. Na, schon was gemerkt?

All diesen Autos mangelt es an einem Dach!

Ja, es gibt meist ein Faltverdeck, aber geschlossen wird das selten. Obwohl Entenhausen keinesfalls in Breiten liegt, die weder Schnee noch Frost kennen. Im Gegenteil. Und selbst dann fahren alle Entenhausener offen.

Muffelpeter, Spielverderber und Zeterschwestern führen hier nun ins Feld, Autofahrten eigneten sich zwar extrem gut, um lange Dialogpassagen unterzubringen, seien aber mit herkömmlichen Fahrzeugen extrem unangenehm ins Bild zu setzen. Entweder sieht man die Fahrenden nicht, weil sie in einer geschlossenen Blechkiste sitzen, oder man muss bei Innenszenen – in den kleinen Panels, perspektivisch selten gelungen – ein Dach andeuten. Und nicht zuletzt sei die Kommunikation zwischen Laufenden und Cabrio-Fahrenden viel einfacher.

Humbug natürlich.

Einzig bedenkenswert ist der Einwand, dass keineswegs alle Entenhausener ein Automobil ohne Dach fahren.

Oma Ducks Gefährt ist rundum geschlossen. Aber erstens wohnt Oma Duck nicht in Entenhausen, sondern auf dem Land. Zweitens fährt sie kein Entenhausener Fabrikat, sondern einen Detroit Electric, der von 1907 bis 1939 tatsächlich in Detroit/USA produziert wurde[14] und batteriebetrieben höchstens 55 km/h schafft.

Und zwei Gruppen in Entenhausen sind ebenfalls immer bedacht, aber selten bedächtig unterwegs: Gauner und Polizisten.

Wir kommen allmählich dem Grund des Dachdefizits auf die Spur.

Sofern sie nicht regelmäßig die Strategie Imaginieren probieren praktizieren, gehören Gauner und Polizisten nicht zu den Glücklichsten. Das könnte daran liegen, dass die Gauner ständig von den Polizisten verhaftet werden und die Polizisten das nie ohne Hilfe von Micky oder Phantomias schaffen.

Viel wahrscheinlicher liegt die Neigung zu Gram und Grimmigkeit bei Gaunern und Gesetzeshütern an etwas anderem: dem Dach.

Mit Dach dringt kein Licht an ihr Haupt. Dabei weiß man doch wie wichtig Licht fürs Wohlbefinden ist.

Mit Dach umweht keine frische Luft ihre Knubbelnasen. Dabei macht erst freies Atmen froh.

Und genau das ist es, das Gefühl der Freiheit – auch und gerade in einer Großstadt wie Entenhausen – was Donald, Micky, Dagobert, Goofy und all die anderen die anderen beglückt.

Jenes Gefühl, das schon den Pionier und Abenteurer Emil Erpel ins Tal an der Gumpe führte, um eine neue, eine freie Stadt zu gründen. Eine Stadt, die nun seit vielen Jahrzehnten Hort des Glücks ist. Oder ist jemals jemand von denen, die wir in unser Herz geschlossen haben, aus Entenhausen weggezogen? Eben!

Drum merke Dir: Cabrio macht lebensfroh.

---

[14] Vgl: DUCK, Typenhandbuch Entenhausener Autos 1937 bis heute, Egmont Comic Collection, 2017, S. 162.

7 praktische Praxistipps:

1 Schlafe bei offenem Fenster. (Ausgenommen Situationen, in denen Du ein Auto steuerst.)

2 Lege täglich etwa 1000 Euro zurück. Nach einem Monat kannst Du Dir ein vernünftiges Cabrio leisten.

3 Alternativ zu Tipp 2 lege jeden Monat 30 Euro zurück. Nach etwas über 83 Jahren kannst Du Dir ebenso ein vernünftiges Cabrio leisten.

4 Bis Du ein Cabrio besitzt, stecke beim Fahren den Kopf aus dem geöffneten Seitenfenster und weise Deine Mitfahrer an, es Dir gleich zu tun.

5 Alternativ zu Tipp 2 und 3 kaufe eine Metallsäge.

6 Säge das Dach Deines Autos ab. Zu Übungszwecken erstmal bei dem Deines Nachbarn.

7 Und wenn das alles nicht geht, dann beschäftige Dich möglichst oft mit Bildergeschichten, in denen die Hauptpersonen Cabrio fahren.

Das unglücklich ausgegangene Glücksexperiment

Wie jeden Morgen umarmte Dr. Siglind Leid zwei bis drei Bäume. Nacheinander natürlich. Diesmal waren es Weiden, die konnte sie gut leiden. Das Einssein mit den wasserliebenden Weiden und der Natur an sich flutete ihr Inneres mit Sturzbächen des Glücks. Da verloren Finger und Füße den Halt und Siglind fiel in einen echten Sturzbach. Die Gumpe. Aus dem Moment voller Glück wurde schlagartig ein Gluck. Beziehungsweise ein Gluck-Gluck.
Atemlos verbrachte Dr. Leid bange Momente unter Wasser, bis die Füße eines über sie hinwegschwimmenden Haubentauchers (was war er erschrocken, als er beim Tauchen die ratlose Wissenschaftlerin am Flussgrund erblickte) ihr zeigten, wo oben war und sie sich zurück ans Ufer kämpfen konnte. Sie lernte zwei Dinge. 1. Luft ist sehr wichtig. 2. Das Glück hängt von kleinen Dingen ab, von ü-Strichlein zum Beispiel.

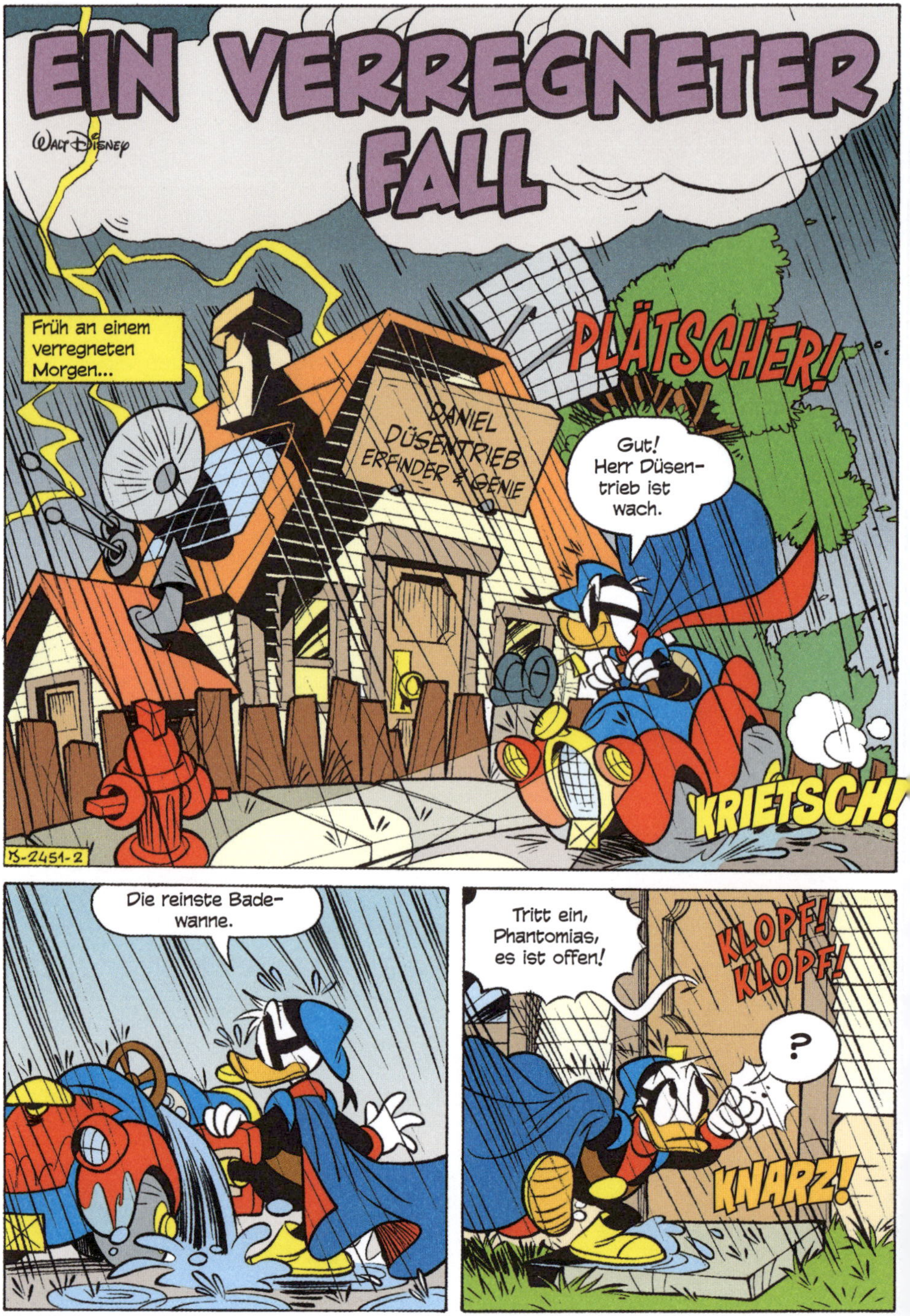
EIN VERREGNETER FALL
WALT DISNEY
Früh an einem verregneten Morgen...
DANIEL DÜSENTRIEB ERFINDER & GENIE
PLÄTSCHER!
Gut! Herr Düsentrieb ist wach.
KRIETSCH!
Die reinste Badewanne.
Tritt ein, Phantomias, es ist offen!
KLOPF! KLOPF!
?
KNARZ!

Woher haben Sie gewusst, dass ich es bin?
Ganz einfach. Ich habe eine Türkamera.
Hatschi! Diese nächtlichen Runden im Regen gehen an die Gesundheit.
Hmm! Warum machst du nicht das Verdeck zu?
Weil dieses Modell kein Verdeck hat, darum!
Wenn es regnet, kommen mir jedes Mal Zweifel an dieser Konstruktion.

Warum kann denn nicht immer schönes Wetter sein, Herr Ingenieur?
DANIEL DÜSENTRIEB ERFINDER & GENIE
RARUMPEL!
He! Du bist ein Genie!
Du hast mich auf eine Idee gebracht. Lass mir nur ein paar Minuten Zeit.
Und bald...
Ups! Na egal, die braucht es nicht! Das Wunderwerk ist fertig.
Dieses Gerät hält dir Regen, Schnee und Hagel vom Hals.
Ah ja? Haptschi! Und wie das?

Komm mit raus, ich führe es dir vor.
Nur zu! Ein bisschen Vertrauen kann nicht schaden.
Aber...
Na? Was sagst du zu dem kleinen Wetterwart?
Mir verschlägt es glatt die Sprache.
RAUSCH
PLADDER
Durch eine marginale Modifikation... bla, bla... mittelbare Molekularmystik... bla, bla... mühelos...
Ersparen Sie mir das!
Ich bin auch so froh und glücklich, wenn er mich trocken hält.

Gut, gut. Mit einem Druck auf diesen Knopf schaltet man das Gerät an.
Nicht sehr kompliziert, da es der einzige ist.
Ich werde es gleich testen.
Aber mit Vorsicht!
Sein Wirkungsbereich ist klein und es reagiert empfindlich...
...auf alle elektromagnetischen Wellen.
Gut, ich denke daran.
VROMM!
Danke, Herr Ingenieur! Und werden Sie nicht nass, hihi!
DANIEL DÜSENTRIEB FINDER & GENIE
So was nennt sich trockener Humor!

Am Abend...
Seufz! Es gießt wie aus Eimern.
Als ob man in einem...
...Aquarium sitzen würde!
Seit drei Tagen sind wir nicht vor die Tür gekommen.
Ich habe schon viereckige Augen vom vielen Fernsehen.
Kopf hoch, Jungs! Es kann schließlich nicht ewig regnen!
Morgen sieht es sicher anders aus. **Gähn!** Gehen wir ins Bett.

Dann schlaf gut und träum wenigstens etwas Sonniges, Onkel Donald. Vielleicht hilft es ja.
Hoffentlich habe ich Kraft zum Träumen, müde wie ich bin.
ROMS!
Kleine Notlüge. Helden dürfen das.
Mach auf!
So ein Stimmerkennungsdingsbums ist zwar Luxus, aber Spaß macht es allemal.
FUMP!
Phantomias auf dem Weg zu seinem nächtlichen Rundgang!
Und das trockenen Hauptes, will ich doch schwer hoffen!

Und wenig später...
Ja, mein kleiner Wetterwart tut brav seine Pflicht!
Es gießt in Strömen und ich kriege keinen Tropfen ab.
JUWELIER
Hrmpf! Gleich hab ich's!
KRACKS!
Falls uns der da nicht vorher hat, Kumpel!
Sieh an! Da ist heldenhafter Einsatz angesagt.
MARKT
MARKT
Mist! Was machen wir jetzt?
Abhauen!

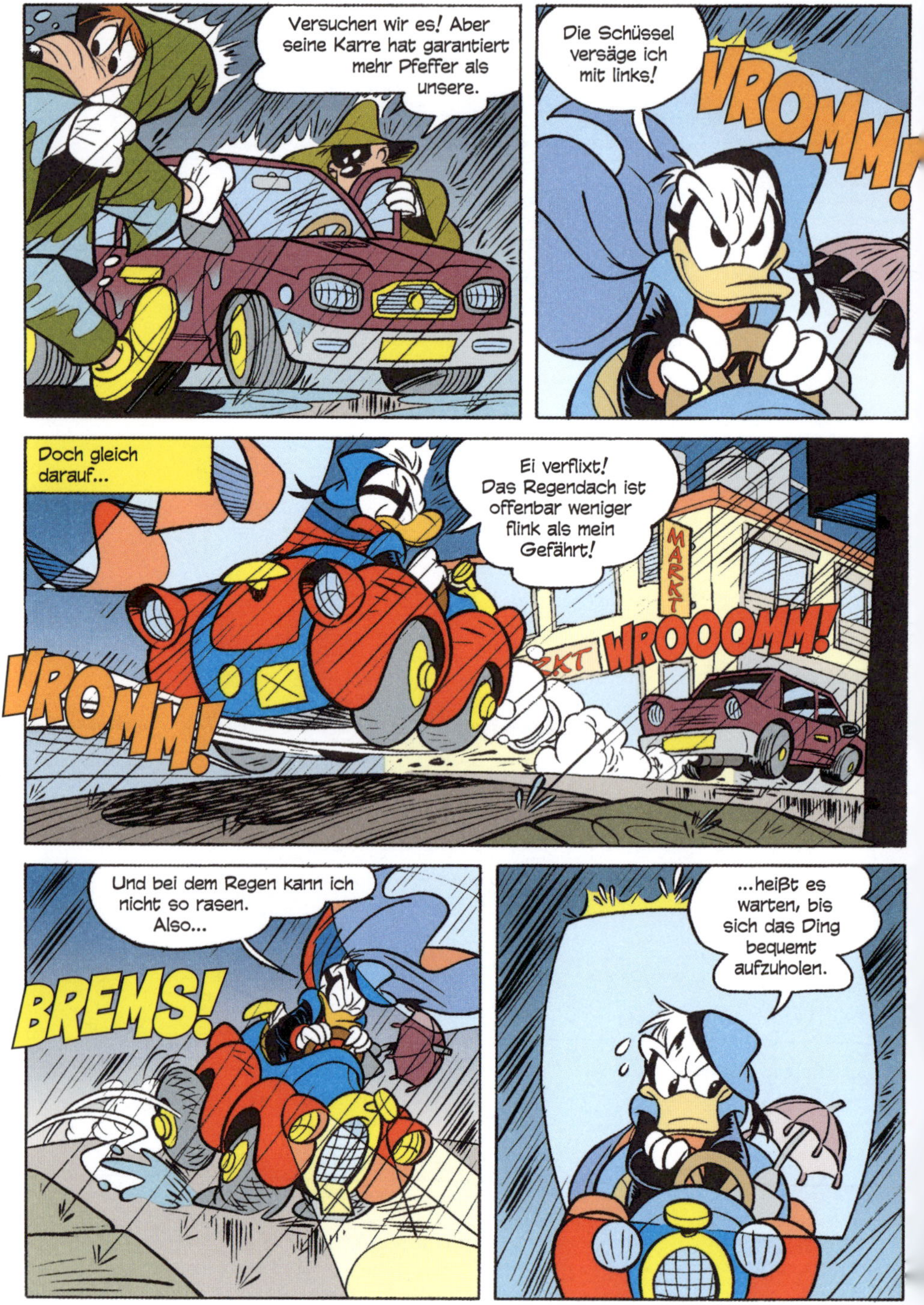
Versuchen wir es! Aber seine Karre hat garantiert mehr Pfeffer als unsere.
Die Schüssel versäge ich mit links!
VROMM!
Doch gleich darauf...
Ei verflixt! Das Regendach ist offenbar weniger flink als mein Gefährt!
MARKT
VROMM!
WROOOMM!
Und bei dem Regen kann ich nicht so rasen. Also...
BREMS!
...heißt es warten, bis sich das Ding bequemt aufzuholen.

Nicht lange danach...
Sieh da, ein Raubüberfall. Eine meiner leichteren Übungen.
Den Kerl fische ich mit meinem unfehlbaren Lasso weg wie nichts.
Doch als das Lasso in den heftigen Regen kommt...
SCHLAPP!
FLABBER!
Das gibt es doch nicht! Im Nu durchweicht!

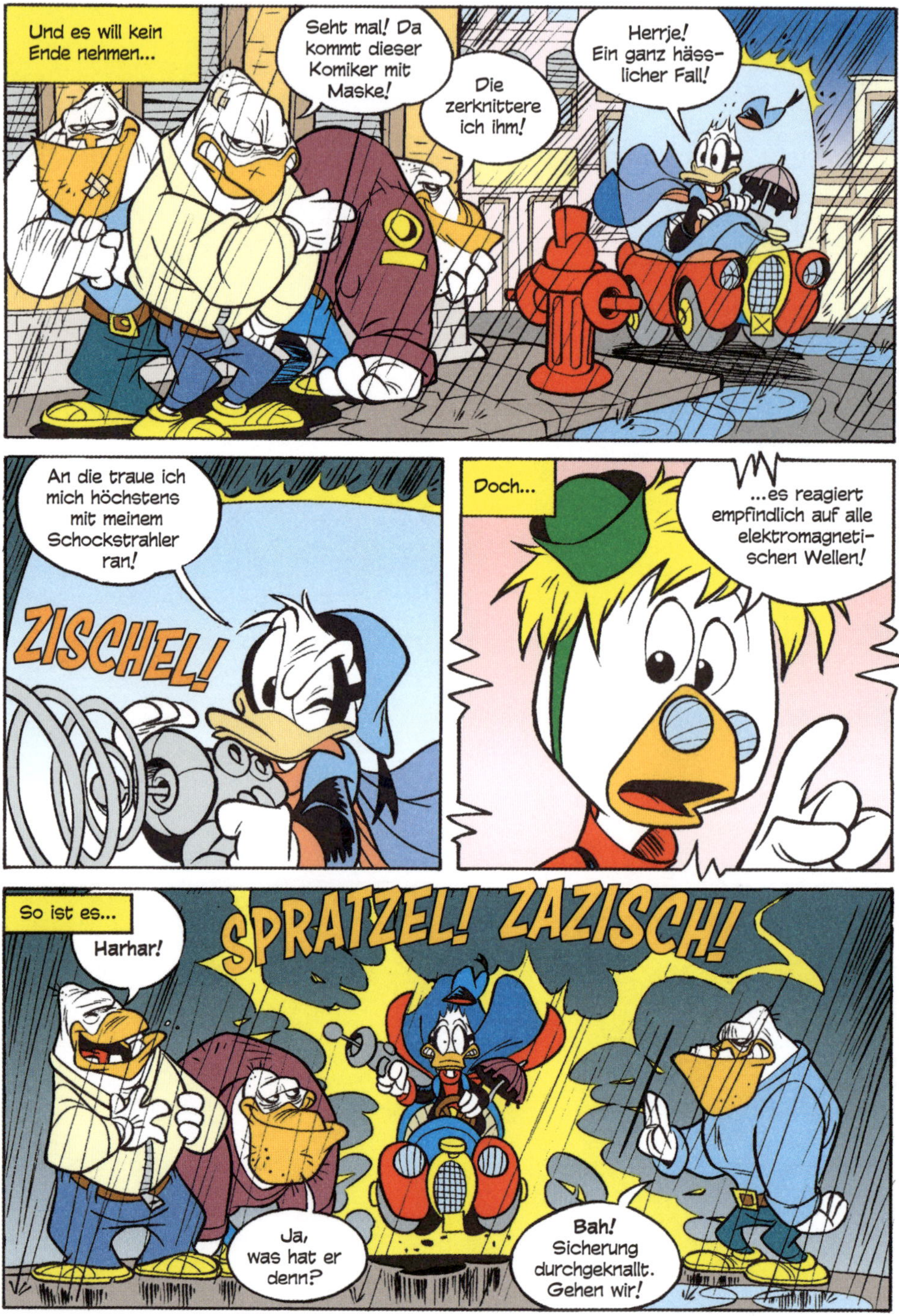
Und es will kein Ende nehmen...
Seht mal! Da kommt dieser Komiker mit Maske!
Die zerknittere ich ihm!
Herrje! Ein ganz hässlicher Fall!
An die traue ich mich höchstens mit meinem Schockstrahler ran!
ZISCHEL!
Doch...
...es reagiert empfindlich auf alle elektromagnetischen Wellen!
So ist es...
Harhar!
SPRATZEL! ZAZISCH!
Ja, was hat er denn?
Bah! Sicherung durchgeknallt. Gehen wir!

Und deshalb...
Schnaub! Der Apparat ist eine Katastrophe! Besser, ich schalte das Ding ab.
Verflixt noch eins! Mein Finger steckt fest!
JUWELIER
Dabei hätte ich gerade jetzt alle Hände nötig!
Und den Strahler kann ich nicht nehmen, sonst krieg ich wieder eine gewischt.
Dann knöpfe ich mir die Gauner eben persönlich vor.
HOPS!

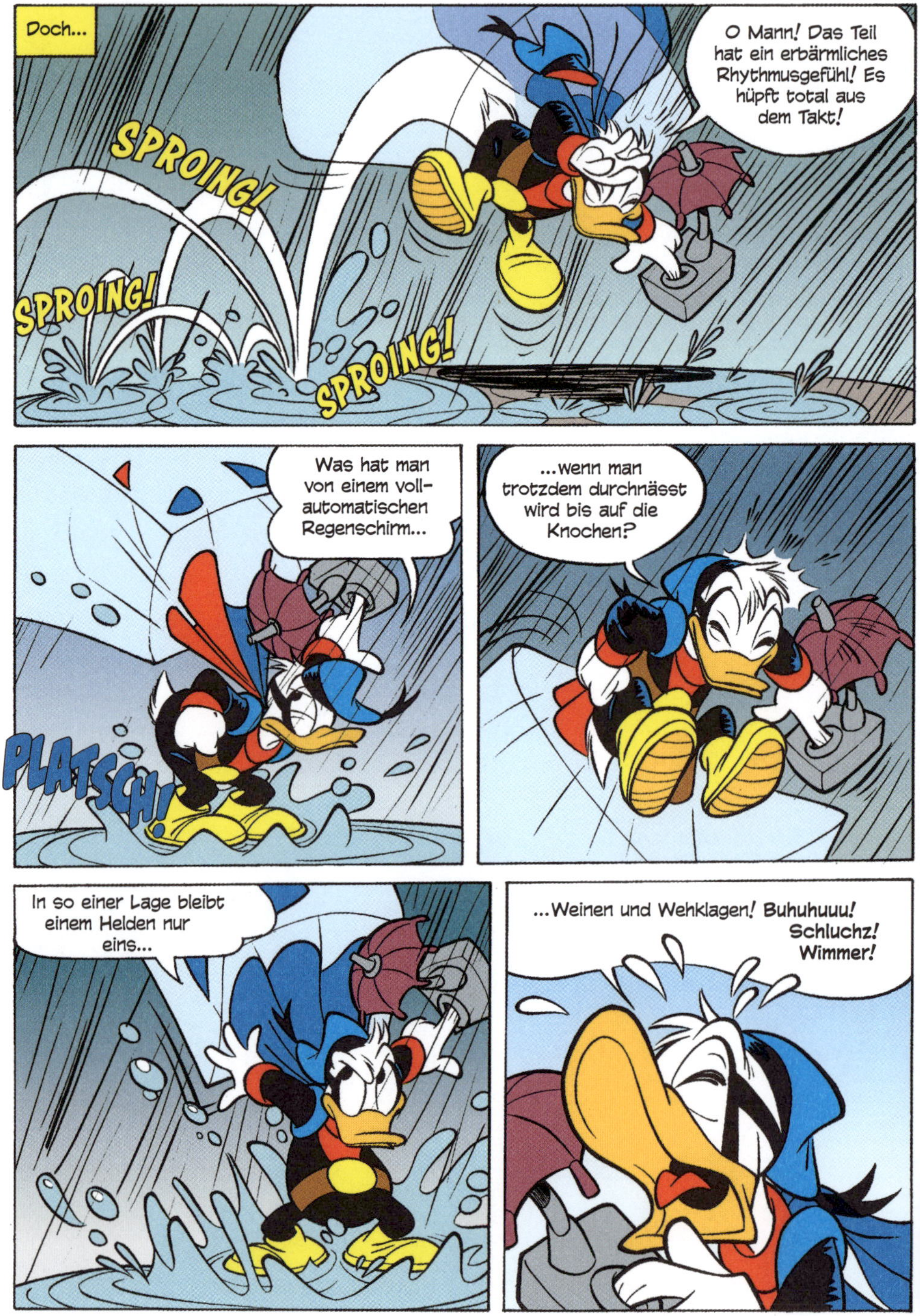
Doch...
O Mann! Das Teil hat ein erbärmliches Rhythmusgefühl! Es hüpft total aus dem Takt!
SPROING!
SPROING!
SPROING!
Was hat man von einem vollautomatischen Regenschirm...
PLATSCH!
...wenn man trotzdem durchnässt wird bis auf die Knochen?
In so einer Lage bleibt einem Helden nur eins...
...Weinen und Wehklagen! Buhuhuuu! Schluchz! Wimmer!

Endlich hört es auf zu regnen, doch...
DANIEL DÜSENTRIEB ERFINDER & GENIE
RAUSCH! PRASSEL!
Hatschi! Ich störe ein Genie nur ungern nachts um halb drei...
KLOPF! KLOPF!
...aber so kann es einfach nicht weitergehen.
Phantomias? Was gibt's?
Ein klitzekleines Problem mit Ihrem Wetterwart, Herr Ingenieur.
PRASSEL!
Ich denke, ich kann mir die Erklärung sparen. Hatschi!
Wenig später...
Fertig! Der Schaden ist behoben.
Ich traue dem Frieden trotzdem nicht... schnief!

Tja! Wieder mal ein Geniestreich ins Leere. Weg damit.
Schade eigentlich. Die Idee hatte schon was für sich.
Apropos... da fällt mir gerade eine Verwendung für Ihr Werk ein!
Und so...
Was für ein wundervolles Picknick!
Nette Idee von Phantomias, es mir zu schenken!
BRAROMS!
Erzähl, wie ist es denn dazu gekommen?
Nun, es begann früh an einem regnerischen Morgen...
PRASSEL!
ENDE

Walt Disney
MISS DAISY UND IHR CHAUFFEUR
Eine Party für zwei, und ich bin dabei...
KLICK!
DONALD DUCK
313
D 91352
Zum Kuckuck noch mal! Ausgerechnet jetzt muss die Kiste streiken!
RRRRR! RRRRR!
Ich hab's geahnt, da ist nichts mehr zu machen! Der Wagen muss abgeschleppt werden!
Tut mir leid, Schatz, aber mein Auto will nicht, und deshalb...
Meinst du, ich geh zu Fuß zu dieser Party? Lass dir gefälligst was einfallen, Donald!
Und so...
Setzen Sie uns vor dem Walldorf-Knastoria ab, guter Mann!
DAISY DUCK
ENDE

CABRIO MARKE EIGENBAU
WALT DISNEY
D 3743
Ein Sportcabrio ist für mich das Höchste, Donald! Im Sommer mit offenem Verdeck fahren... himmlische Vorstellung!
Ich weiß, Daisy! Aber das kann ich mir nicht leisten.
NUR 20.000 TALER
IDEE
Man könnte höchstens...
Man kann...
Grütze im Kopf spart Geld!
DONALD DUCK
RITZE! RATZE!
Später...
Darf ich dich zu einer kleinen Spritztour mit meinem Cabrio einladen?
Donald, wie herrlich!
DAISY DUCK
Oh, es fängt an zu regnen. Du musst das Verdeck zumachen.
Das, ähem... funktioniert bei diesem Cabrio etwas anders.
Eine Zumutung!
Tut mir leid, Schatz, ich brauche beide Hände zum Fahren.
ENDE

Schlusswort

Aufmerksame Leser haben sicher gemerkt, dass im Vorangegangenen nicht auf den Glückswert von diversen Talismanen eingegangen wurde. Dabei wäre es eine schöne Gelegenheit gewesen, Carl Barks' „Die fabelhafte Hasenpfote" unterzubringen. Jene Geschichte, bei der Barks erstmals Zeichner UND Autor war[15] und in der Donald den Glauben seiner drei Neffen, die Hinter(!)pfote eines Hasen brächte Glück zunächst verspottet, sich nach allerlei Pech mit Brücken und Gorillas den Glücksbringer zunutze machen will und schlussendlich von einer Uhr erschlagen wird.

Aber nichts davon. Auch Dagoberts hochheiliger Glückszehner wurde nur einmal erwähnt. Warum?

Weil es vollkommender Kikifax ist, sein Glück von Gegenständen, schwarzen Katzen, Sternenkonstellationen oder rituellen Handlungen – klopf auf Holz – abhängig zu machen.

Stattdessen hat Glück und wird glücklich nur jener, aber auch jene, der/die das Ganze strategisch angeht. Was dank dieses Werkes nun viel einfacher wird.

[15] Erstveröffentlichung 1942, Originaltitel „The Rabbit's Foot".

Dass die vorgestellten Strategien der Entenhausener funktionieren, beweist schon die Tatsache, dass Donald, Micky, Dagobert & Co. ihnen seit Jahrzehnten treu bleiben. Man denke nur an ihre dachlosen Autos.

Ohja, Autos können ein Glücksindikator sein!

Vor einigen Jahren reiste ich durch Nordkorea, dessen Bewohner ob ihrer Kim-basierten Lebenslenkung gar nicht anders können, als glücklich zu sein. Jedoch steht dem im Alltag die eine oder andere Herausforderung gegenüber, wie Nahrungs-, Medikamenten- oder Kraftstoffmangel. Mein offiziell als Reiseleiter firmierender Aufpasser vom Geheimdienst teilte mir eines morgens strahlend vor Glück mit, es gäbe auf den Straßen Pjöngjangs immer öfter Stau. Für ihn waren zu viele Autos bei zu wenig Straße ein Zeichen des Fortschritts. Und wer die überbreiten Straßen Pjöngjangs kennt, kann ermessen, was für ein riesiger Fort-

schritt das sein musste. Aus nordkoreanischer Sicht.

Glück ist eben auch von der Perspektive abhängig. Die Deine auf Dein Leben kann vollkommen falsch sein. Vielleicht bist Du viel glücklicher, als Du glaubst.

Nicht zuletzt weiß jeder, der einen Kluge-Sprüche-Instagram-Account betreibt: Glück ist das einzige, was mehr wird, wenn man es teilt.

Und deshalb sei abschließend Teilen als immer anwendbare Zusatzstrategie empfohlen.

Teile möglichst vielen mit, dass es dieses Buch gibt. Vermehre damit Dein Glück und das aller am Buch Beteiligten.

Ach, es kann so einfach sein …

Quellenverzeichnis

Wettangeln am Wimmelsee (D 97506)
Originaltitel: A Fish Tale
Skript und Zeichnungen von William van Horn
Übersetzung von Peter Daibenzeiher
Erstveröffentlichung:
Kalle Anka & C:o 30/1998, 17. Juli 1998 (Schweden)
Deutsche Erstveröffentlichung:
Micky Maus 25/1999, 17. Juni 1999

Goldrausch (D 6774)
Originaltitel: Gold Fever
Skript von Dave Angus
Zeichnungen von Vlado Magdic
Erstveröffentlichung:
Micky Maus 35/1987, 20. August 1987 (Deutschland)

Ferien vom Ich (I TL 1047-B)
Originaltitel: Zio Paperone vagabondo
Skript von Jerry Siegel
Zeichnungen von Giuseppe Perego
Übersetzung von Gudrun Penndorf
Erstveröffentlichung:
Topolino 1047, 21. Dezember 1975 (Italien)
Deutsche Erstveröffentlichung:
Lustiges Taschenbuch 111, 4. April 1986

Erntesegen (W WDC 205-01)
Originaltitel: Red Apple Sap
Skript und Zeichnungen von Carl Barks
Übersetzung von Dr. Erika Fuchs
Erstveröffentlichung:
Walt Disney's Comics and Stories 205, Oktober 1957 (USA)
Deutsche Erstveröffentlichung:
Micky Maus 35/1958, 6. September 1958

Mehr Glück als Unverstand (H 94146)
Originaltitel: Hypnose en 'n blinddoek
Skript von Jan Kruse
Zeichnungen von Bas Heymans
Übersetzung von Marc Moßbrugger
Erstveröffentlichung:
Donald Duck 11/1996, 15. März 1996 (Niederlande)
Deutsche Erstveröffentlichung:
Micky Maus 10/2009, 2. März 2009

Kater Karlo denkt an alles (I TL 2041-4)
Originaltitel: Topolino e il grande colpo di Gambadilegno
Skript von Rudy Savalgnini
Zeichnungen von Julian Jordan
Übersetzung von Gudrun Smed-Puknatis
Erstveröffentlichung:
Topolino 2041, 10. Januar 1995 (Italien)
Deutsche Erstveröffentlichung:
Donald Duck 489, 23. November 1995

Verräterischer Apfelsaft (I TL 822-C)
Originaltitel: Topolino e l'investigatore lampo
Skript von Gian Giacomo Dalmasso
Zeichnungen von Giulio Chierchini
Übersetzung von Alexandra Ardelt
Erstveröffentlichung:
Topolino 822, 29. August 1971 (Italien)
Deutsche Erstveröffentlichung:
Lustiges Taschenbuch 65, 14. Januar 1980

Der unglaubliche Dulk (D 2003-146)
Originaltitel: The Incredible Duck
Skript von Carol und Pat McGreal
Zeichnungen von Vicar
Übersetzung von Michael Bregel
Erstveröffentlichung:
Kacer Donald 13/2005, Juni 2005 (Tschechien)
Deutsche Erstveröffentlichung:
Micky Maus 42/2005, 11. Oktober 2005

Wut tut gut (D 2003-328)
Originaltitel: Anger Mismanagement
Skript von Don Markstein
Zeichnungen von José Maria Manrique
Übersetzung von Michael Bregel
Erstveröffentlichung:
Kacer Donald 14/2005, Juni 2005 (Tschechien)
Deutsche Erstveröffentlichung:
Micky Maus 44/2005, 25. Oktober 2005

Ein verregneter Fall (I TL 2451-2)
Originaltitel: Romance Hotel
Skript von Bruno Concina
Zeichnungen von Nicola Tosolini
Erstveröffentlichung:
Topolino 2451, 11. März 2005 (Italien)
Deutsche Erstveröffentlichung:
Lustiges Taschenbuch 319, 9. Dezember 2003

Miss Daisy und ihr Chauffeur (D 8352)
Originaltitel: The Punctual Duck
Skript von Rob Klein, Zeichnungen von Juan Torres Perez
Erstveröffentlichung:
Aku Ankka 46/1992, 11. November 1992 (Finnland)
Deutsche Erstveröffentlichung:
Micky Maus 1/1993, 30. Dezember 1992

Cabrio Marke Eigenbau (D 3743)
Originaltitel: Convertible Top-Car
Skript von Jim Kenner, Zeichnungen von Antoni Gil-Bao
Erstveröffentlichung:
Kalle Anka & C:o 14/1977, 7. April 1997 (Schweden)
Deutsche Erstveröffentlichung:
Onkel Dagobert 50, 16. April 1977